Disney
EL LIBRO DE LAS IDEAS

Escrito por
Elizabeth Dowsett

Contenido

Ver p. 110

Ver p. 158

Actividades

Ver p. 116

Ver p. 120

Ver p. 122

Ver p. 146

Manualidades

Ver p. 166

Ver p. 188

Ver p. 184

Ver p. 150

Busca tus favoritas

Todos tenemos una película Disney o Disney•Pixar favorita, y aquí hay proyectos relacionados con más de 50 de ellas. Príncipes y princesas o muñecos parlantes, brujas malvadas o hadas juguetonas: puedes encontrar a todos ellos en la lista de películas que se muestra a continuación.

Antes de empezar

La clave para crear magia Disney es la preparación, y aquí tienes información al respecto para leer antes de empezar. Encontrarás también trucos y consejos para garantizar los mejores resultados y que todo salga bien.

Nota para padres y cuidadores

Los proyectos de este libro pueden requerir ayuda y supervisión adulta, según la edad y capacidad de cada niño o niña. Hay que asegurarse siempre de que empleen herramientas acordes a su edad, y ofrecer la ayuda y supervisión necesarias para garantizar su seguridad.

La seguridad primero

Los proyectos de este libro deben acometerse con cuidado. ¡No olvides leer antes estos consejos!

- Mantén alejados a niños pequeños (menores de seis años) y mascotas del área de trabajo.

- No permitas que ninguno de los materiales entren en contacto con los ojos o la boca.

- Evita comer o beber mientras realizas un proyecto.

- La pintura y el colorante alimentario pueden manchar las superficies y la ropa. Si quieres protegerte las manos, puedes usar guantes.

- Lávate las manos y limpia el instrumental cuando hayas terminado un proyecto.

- Si tienes alergia a algún producto, evita los proyectos que los usen, sustitúyelos si es posible, o utiliza la protección adecuada.

- Hay que manejar con cuidado los objetos afilados, tales como tijeras, cúteres, agujas o alfileres. Pide ayuda a un adulto para cortar, sujetar con alfileres o coser.

Alfileres   *Aguja*

Chinchetas

Tijeras

Pintura acrílica   *Huevo*   *Aceite vegetal*   *Colorante alimentario*   *Aceite esencial*

Etiquetas de advertencia

Estos símbolos indican que se requiere un cuidado especial o supervisión:

Este paso requiere horno, equipo de cocina o plancha. Pide ayuda a un adulto, y maneja con precaución los instrumentos calientes.

Pide ayuda o supervisión a un adulto para este paso.

Bandeja de horno

Cómo usar los patrones

En las pp. 190–199 de este libro se incluyen patrones para ayudarte a lograr las formas perfectas en algunos de los proyectos más complicados. Sigue las instrucciones que hallarás al final del libro.

Pinceles

Lápiz

Instrumental básico

La mayoría de los productos, ingredientes y equipo usados en este libro son artículos domésticos fáciles de encontrar, que acaso tengas ya en el cajón de tu escritorio. Todo lo demás se puede comprar online, o en una ferretería, una papelería, unos grandes almacenes o un supermercado. Cuando se especifica un tipo particular de cola o pintura, es porque hemos comprobado que estos dan los mejores resultados, pero eso no supone que tengas que utilizarlos si tienes una alternativa a mano o quieres probar algo diferente.

Aquí tienes algunos recursos esenciales:

Lápices de colores

Usa esta pintura para todo lo que entre en contacto con la piel.

Pintura atóxica

Tijeras

Regla

Esta arcilla debe hornearse.

Esta arcilla se endurece sin calor.

Esta pintura cubre bien el cartón.

Arcilla polimérica

Arcilla de secado al aire

Pintura acrílica

Rotuladores

Es perfecta para papel maché.

Impide que el papel se curve.

Aguja e hilo

Hilo de lana

Cinta

Papel y cartulina

Cinta de doble cara

Cinta de embalar

Cinta adhesiva

Pegamento

Cola blanca

Pegamento de barra

Hueveras de cartón

Tubo de cartón

Botella de plástico

CONSEJO
Para perforar de modo seguro sin perforadora, atraviesa el papel con un lápiz sobre masilla adhesiva.

¡RECICLA!
Hemos procurado que los materiales usados aquí sean reciclables, y sería deseable que tú hicieras lo mismo. Usa pajitas de papel y reutiliza cartón, botellas y otros materiales para proteger el medio ambiente.

Pajitas de papel

RECREACIONES

Corona de flores

Destaca entre la multitud como Vaiana en la isla de Motunui con tu corona de flores. ¡Puede ser el complemento perfecto para una gran aventura!

Mídete la cabeza

La corona va cosida sobre una cinta elástica que debe sujetarse a la cabeza y ser fácil de poner y quitar. Empieza colocando la cinta sobre tu cabeza para medirla, estirándola ligeramente para que se ciña con comodidad.

Necesitarás:

- Cinta elástica (2,5 cm de ancho aprox.)
- Tijeras
- Aguja
- Lápiz
- Hilo de algodón
- Papel
- Alfileres
- Fieltro
- Cuentas pequeñas

1 Añade 2,5 cm a la longitud y corta la banda elástica.

2 Superpón 2,5 cm de un extremo de la cinta sobre el otro, y cóselos con una puntada recta simple.

CONSEJO

Para recortar hojas y flores con más rapidez, apila varias hojas y córtalas todas de una vez.

Recorta el fieltro

Necesitarás muchas hojas y pétalos para que tu corona sea tan frondosa como la de Vaiana. Recorta estas piezas en fieltro. Te será más fácil si recortas patrones de papel y los sujetas con alfileres al fieltro.

1 Dibuja formas de hojas y pétalos sobre papel.

2 Recorta las formas de papel y sujétalas al fieltro con alfileres.

3 Recorta las formas de fieltro. Necesitarás 28 hojas color verde oscuro, 14 hojas verde claro y siete flores rosas.

Monta tu corona de flores

Una vez hayas preparado todas las piezas, solo tienes que coserlas, ¡y tu corona estará lista!

1 Apila dos piezas de hojas verde oscuro con una verde claro en medio. Rota cada capa para que se vean todas las hojas. Haz siete pilas como esta.

2 Une cada pila con unas puntadas en el centro de las hojas. Átalas por detrás con un nudo.

3 Haz otras siete pilas de hojas, y esta vez remata cada una con una flor rosa y una cuenta.

4 Cose las pilas nuevas, ensartando la cuenta con el hilo.

5 Cose cada una de las pilas a la cinta elástica. Alterna las que tienen flor con las que no tienen, y cóselas juntas para que las hojas se superpongan y abulten.

Pilas de hojas colocadas entre pilas con flor para crear volumen.

¿SABÍAS QUE...?

Vaiana significa «agua de la cueva» en tahitiano. ¡Le sienta a la perfección!

Trajes de coche

¿Cómo sienta ser una leyenda de las carreras como el campeón de la Copa Pistón Rayo McQueen? Para averiguarlo, ¡entra en su mundo con este traje de coche de carreras!

Dale forma a tu coche

Necesitarás las cuatro solapas de la parte superior o inferior de la caja. Las otras cuatro pueden cortarse o plegarse dentro de la caja. Cortar cartón puede ser difícil, así que pide ayuda a un adulto.

La solapa trasera será el alerón.

La solapa delantera doblada hacia abajo será el capó.

1 Abre las cuatro solapas de la caja de modo que queden erguidas.

2 Dobla hacia abajo la solapa delantera.

Las solapas laterales se recortan.

3 Corta a lo largo de la unión de las solapas laterales y el cuerpo de la caja, hasta llegar al punto donde llega la solapa delantera, doblada. Hazlo en ambas solapas laterales.

4 Dobla estas dos nuevas solapas de modo que se encuentren en el centro de la caja. Únelas con cinta de embalar para hacer un parabrisas.

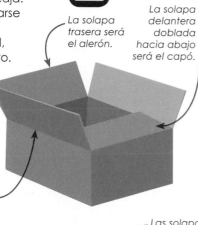

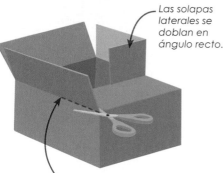

Las solapas laterales se doblan en ángulo recto.

Corta hasta aquí.

5 Para mayor estabilidad, pega con cinta la parte inferior del parabrisas al borde de la solapa delantera.

6 Corta en diagonal ambas solapas laterales, desde lo alto del parabrisas hasta la solapa delantera.

7 Recorta la solapa trasera para hacer el alerón de Rayo.

8 Pinta todo el chasis con pintura acrílica roja. La pintura acrílica es la mejor para cubrir cartón, pero pueden hacer falta varias capas.

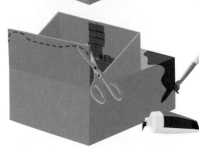

Adorna tu coche

Para impresionar a los espectadores hay que ser rápido, pero tampoco viene mal un aspecto imponente. Tunea el chasis de tu coche con pintura y papel de color.

Usa pintura negra para los neumáticos, y roja y amarilla para los tapacubos.

1 Cuando la pintura roja esté seca, pinta un 95 en los dos laterales.

2 Recorta formas de papel de color para hacer las ventanas, los ojos, los faros y la boca.

3 Pega los trozos de papel de color al coche con pegamento o cinta.

4 Pinta cuatro platos de papel a modo de ruedas.

¿SABÍAS QUE...?

¿SABÍAS QUE...?
El número de McQueen es el 95. Esto es una referencia a la primera película de Pixar, Toy Story, estrenada en 1995.

Retrovisor de cartulina

¡Las ruedas giran de verdad!

El cuerpo de Cruz es más bajo, con bordes curvos.

5 Sujeta cada plato de papel con un gancho mariposa.

6 Pide a un adulto que te ayude a medir la cinta. Hay que cortar dos piezas lo bastante largas para que el coche cuelgue de los hombros a una altura cómoda. Cruzadas en la espalda lo sujetarán mejor.

7 Usa cinta de embalar para fijar la cinta en el coche. Puedes pintar sobre ella para ocultarla. ¡Y ya estás listo para correr!

PRUEBA ESTO
Haz al amigo de Rayo, Cruz Ramírez, del mismo modo, pero pintado de amarillo y con adornos diferentes.

Candelabro de cartón

El encantador Lumière ilumina la estancia de Bella en el castillo de la Bestia. Alegra tu habitación con tu propio Lumière. Solo necesitas cartón, pintura, pegamento… y *voilà!*

Necesitarás:

- Lápiz y bolígrafo negro
- Cartón
- Tijeras
- Regla
- Huevera de cartón
- 3 tubos de cartón
- Pintura acrílica
- Pincel
- Pegamento
- 3 limpiapipas amarillos
- 2 ojos saltones

Preparación

Empieza cortando las formas de cartón que necesites y pintándolas de blanco y amarillo.

1 Corta tres llamas, una base circular y tres extremos de vela redondos de cartón.

3 llamas

10 cm

Base

3 extremos de vela

2 Corta cinco copas de una huevera.

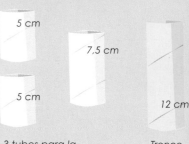

3 Recorta con cuidado los tubos de cartón a estas longitudes:

5 cm

7,5 cm

5 cm

12 cm

3 tubos para la cara y los brazos

Tronco

Monta a Lumière

Una vez seca la pintura, haz tu propia magia para unir todas las piezas.

1 Corta una pequeña ranura en la base de las tres llamas, dejando dos aletas.

2 Haz con cuidado un corte del ancho de una llama en cada extremo de vela.

3 Inserta una llama en cada extremo de vela. Dobla las aletas y pégalas en su lugar.

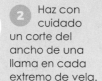

4 Una vez secos los extremos de las velas, pégalos a los tubos.

5 Con un lápiz, haz dos pequeños agujeros en lados opuestos de lo alto del tubo largo.

6 Para hacer el pie, pega el tubo largo sobre una copa de huevera, y luego esta a la base circular.

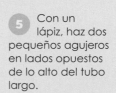

7 Trenza tres limpiapipas para obtener una pieza más gruesa, que servirá para hacer los dos brazos de Lumière.

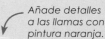

8 Introduce los brazos en los agujeros del tubo hasta que asome la misma longitud por ambos lados.

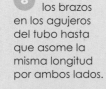

9 Perfora el fondo de dos hueveras con un lápiz, y ensarta una en cada brazo. Destrenza los extremos de los limpiapipas, extiéndelos y pégalos.

10 Pega dos copas de huevera en el tubo largo, y pega encima la vela más larga.

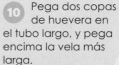

Añade detalles a las llamas con pintura naranja.

11 Las dos velas cortas serán las manos. Pégalas en las copas de huevera de ambos brazos.

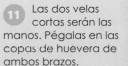

12 Pega dos ojos saltones y usa un rotulador negro para completar el rostro sonriente de Lumière.

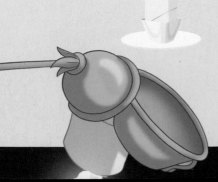

CONSEJO
Usa el tubo de cartón para dibujar un patrón perfecto para los extremos de las velas.

Los brazos se pueden mover para animar a Lumière.

¿SABÍAS QUE...?
Lumière es en realidad un francés hechizado, y el más fiel servidor del príncipe.

Delantal reversible

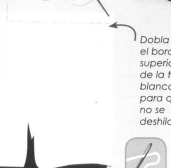

Aunque no tengas un hada madrina, con darle la vuelta a este delantal te transformarás en princesa al instante. ¡No olvides volver a darle la vuelta antes de que llegue la medianoche!

Necesitarás:

- Plancha
- Tijeras
- Aguja
- Hilo de algodón (blanco y azul)
- Piezas de tela de color blanco, marrón y azul claro, de 30 × 42 cm cada una
- 2 piezas de tela sedosa azul de 42 × 59 cm
- 3 tiras de tul de 50 × 15 cm, más extra para lazos
- Cinta azul de 1 m de largo
- Pegamento termoadhesivo

Empieza por el delantal

Cenicienta lleva un gastado delantal blanco sobre la falda marrón para hacer sus tareas.

1 Pide a un adulto que planche la tela para que no tenga arrugas.

2 Rasga la tela blanca para que el delantal se vea gastado.

3 Coloca la tela blanca sobre la tela marrón.

Dobla el borde superior de la tela blanca para que no se deshilache.

4 Con aguja e hilo blanco, une las dos piezas de tela por el borde superior y por 2 cm de cada lado.

El vestido de baile

El lado del vestido de baile tiene una falda azul recogida para mostrar una capa de tul sobre un fondo azul claro.

1 Enhebra la aguja con hilo azul.

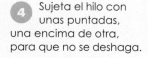

4 Sujeta el hilo con unas puntadas, una encima de otra, para que no se deshaga.

5 Repite con la segunda pieza de tela sedosa azul.

6 Para la capa de tul, empieza por enhebrar la aguja con hilo blanco.

Los pliegues crean un efecto de plisado.

2 Empezando por el borde, atraviesa una de las piezas de tela azul con la aguja a amplios intervalos.

3 Tira del hilo para hacer pliegues en la parte superior.

7 Haz pliegues en lo alto de cada pieza de tul, como con la tela azul en los pasos 2 y 3.

Cada pieza de tul está plisada.

8 Cose las tres piezas de tul sobre la tela azul claro.

Une las partes

Una vez tengas listos los dos lados del delantal, hay que unirlos y añadir cinta para que te lo puedas poner.

1 Cose la parte superior de las dos piezas de tela sedosa sobre el tul, por la parte superior de la base azul claro.

2 Cose la parte superior del lado marrón y blanco a la del lado azul claro.

3 Pide a un adulto que pegue la cinta en la cintura del vestido de baile con pegamento termoadhesivo.

4 Une la parte inferior de la capa marrón a la base azul claro.

5 Corta dos pequeñas tiras de tul.

¿SABÍAS QUE...?

Cenicienta nunca puede reparar su delantal, pues siempre está ocupada en tareas para su madrastra y sus hermanastras.

Lleva el delantal así para realizar las tareas de la casa, y al revés para recibir a tus amigas.

CONSEJO

Puedes reforzar la tela pegando cinta termoadhesiva sobre los bordes.

La sobrefalda plisada se recoge para obtener mayor volumen.

6 Recoge las piezas de tela sedosa azul y ata cada una con una cinta de tul.

7 Dobla la tela sedosa por debajo y cósela a la base con una sola puntada por la parte trasera de la cinta de tul.

Añade más tul si quieres un vestido de baile aún más voluminoso.

Máscaras animales

Cuando era un cachorro, Simba soñaba con el día en que sería rey de toda la sabana. Tú puedes ser el rey de cualquier fiesta con esta sencilla máscara de fieltro. Impresiona a tus amigos con tus «animaladas».

Necesitarás:

- Papel de calco
- Lápiz
- Papel
- Alfileres
- Fieltro de colores
- Tijeras
- Cinta de doble cara
- Cinta
- Cartulina
- Rotulador negro permanente o para tela

Haz una cara

Apila piezas de fieltro de colores para crear la cabeza de Simba, incluida la melena que se hace él mismo con hojas rojas. La misma técnica sirve para hacer otros personajes, como Rafiki.

1 Usando los patrones de las pp. 190–191, copia las formas sobre papel y recórtalas.

2 Sujeta cada forma con alfileres al fieltro del color correspondiente y recorta con cuidado.

¡Comprueba que puedes ver por los agujeros de los ojos!

3 Cúbrete la cara con la pieza mayor para asegurarte de que los agujeros de los ojos coinciden con estos, y pide a un adulto que los recorte.

La pieza menor del pelo debe ir sobre la pieza mayor.

4 Coloca las piezas de los ojos sobre los agujeros de estos y pégalas con cinta de doble cara. Bajo los ojos, coloca y pega las piezas del morro y la nariz.

5 Coloca y pega las piezas del pelo naranja y amarilla por encima de la cara.

6 Dale la vuelta a la máscara y pega por detrás las orejas con cinta para que asomen tras la cara.

7 Coloca la melena detrás de todo lo demás.

Prepárate para rugir

Añadir cartulina reforzará la máscara, y forrarla de fieltro la hará más cómoda para la cara.

Las cintas se atan detrás de la cabeza para sostener la máscara.

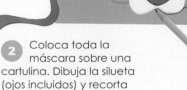

1 Corta dos trozos de cinta lo bastante largos para atarlos por detrás de tu cabeza. Pégalos con cinta a cada lado de la máscara, encima de la altura de tus orejas.

2 Coloca toda la máscara sobre una cartulina. Dibuja la silueta (ojos incluidos) y recorta con cuidado la cartulina.

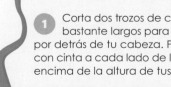

Cuando se imagina a sí mismo de mayor, Simba se hace una melena de hojas rojas.

Los mandriles macho como Rafiki tienen la nariz roja.

Máscara

Refuerzo de cartulina

Dorso de fieltro

Los extremos de la cinta quedan sujetos entre las capas.

3 Repite el paso 2 con un trozo de fieltro.

4 Pega el fieltro con cinta a la cartulina, y esta a la máscara.

5 Con un rotulador negro permanente o para tela, añade las cejas y detalles de ojos, nariz y orejas. ¡Ya estás listo para ser el rey de la selva!

¿SABÍAS QUE...?

Simba significa «león» en swahili.

Guitarra de Miguel

Miguel desea ser músico más que ninguna otra cosa. Su familia quiere impedirlo y no le permite adquirir una guitarra, pero construye una él mismo, como también puedes hacer tú.

Haz tu guitarra

Esta guitarra produce sonidos reales, gracias a las gomas elásticas que ciñen una caja de plástico oculta.

Necesitarás:

- Cartón ondulado grueso
- Lápiz
- Tijeras
- Pintura y pincel
- Bandeja de plástico (de alimentos, por ejemplo)
- Gomas elásticas
- Cartulina blanca
- Regla
- Precinto
- Cinta de doble cara
- Bolígrafo negro
- Cartulina plateada
- Pegamento
- Brocheta de madera
- 2 limpiapipas negros
- 6 botones negros

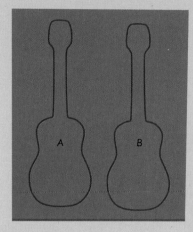

1 Recorta con cuidado dos siluetas de guitarra de cartón ondulado, las piezas A y B. Los detalles menores pueden requerir la ayuda de un adulto.

2 Recorta la boca en el centro de la pieza A.

¿SABÍAS QUE...?

Cuando destrozan la guitarra hecha por Miguel, este consigue la del legendario cantante Ernesto de la Cruz, que, para su asombro, le transporta hasta la tierra de los muertos.

3 Pinta un círculo negro en la pieza B, algo mayor que la boca de la pieza A.

4 Rodea a lo largo la bandeja de plástico con tres gomas elásticas.

La bandeja se coloca sobre el círculo negro.

5 Pega la bandeja a la base de la pieza B con cinta de doble cara.

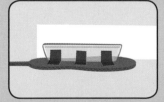

6 Recorta dos tiras largas de cartulina blanca; su anchura debe ser mayor que la altura de la bandeja de plástico.

7 Haz unas pestañas practicando cortes en las tiras de cartulina a todo lo largo de cada lado, y dóblalas.

Haz cortes pequeños, dejando lo suficiente para cubrir la altura de la bandeja.

8 Pega las tiras alrededor de la base de la guitarra, usando cinta de doble cara para fijar a esta las pestañas siguiendo la forma de la guitarra.

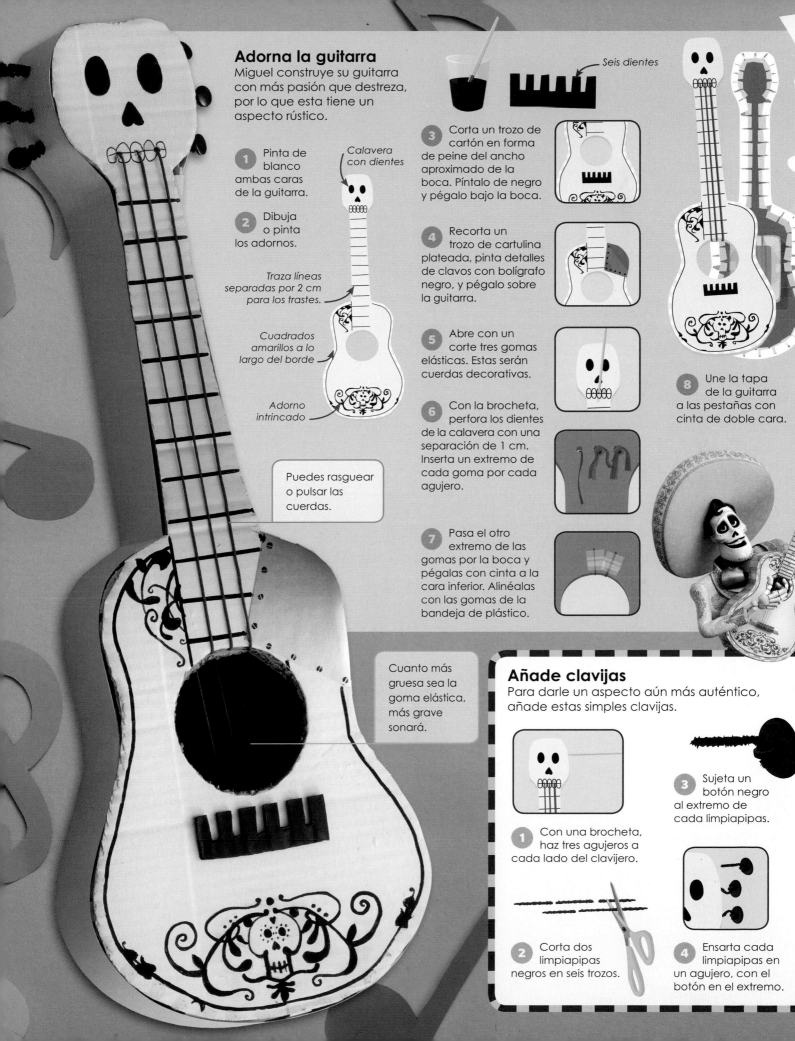

Adorna la guitarra

Miguel construye su guitarra con más pasión que destreza, por lo que esta tiene un aspecto rústico.

1 Pinta de blanco ambas caras de la guitarra.

2 Dibuja o pinta los adornos.

Calavera con dientes

Traza líneas separadas por 2 cm para los trastes.

Cuadrados amarillos a lo largo del borde

Adorno intrincado

Puedes rasguear o pulsar las cuerdas.

Seis dientes

3 Corta un trozo de cartón en forma de peine del ancho aproximado de la boca. Píntalo de negro y pégalo bajo la boca.

4 Recorta un trozo de cartulina plateada, pinta detalles de clavos con bolígrafo negro, y pégalo sobre la guitarra.

5 Abre con un corte tres gomas elásticas. Estas serán cuerdas decorativas.

6 Con la brocheta, perfora los dientes de la calavera con una separación de 1 cm. Inserta un extremo de cada goma por cada agujero.

7 Pasa el otro extremo de las gomas por la boca y pégalas con cinta a la cara inferior. Alinéalas con las gomas de la bandeja de plástico.

8 Une la tapa de la guitarra a las pestañas con cinta de doble cara.

Cuanto más gruesa sea la goma elástica, más grave sonará.

Añade clavijas

Para darle un aspecto aún más auténtico, añade estas simples clavijas.

1 Con una brocheta, haz tres agujeros a cada lado del clavijero.

2 Corta dos limpiapipas negros en seis trozos.

3 Sujeta un botón negro al extremo de cada limpiapipas.

4 Ensarta cada limpiapipas en un agujero, con el botón en el extremo.

Atrezo para *selfies*

Posa como tu heroína –o villana– Disney favorita con una colección de divertidos y fabulosos complementos de tu propia creación. Reúne a tus amigas y crea una galería de fotos. ¡Luces, cámara, acción!

Necesitarás:

- Papel blanco
- Lápiz
- Papel de color
- Cartulina
- Tijeras
- Pegamento
- Palitos o brochetas de madera
- Cinta adhesiva

Haz tus complementos

Estos complementos están hechos de papel de color pegado sobre cartulina para que sean más rígidos, con un palito de madera para sostenerlos.

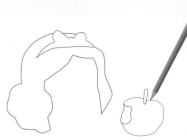

1 Escoge qué complementos de tu personaje quieres hacer, o diséñalos por tu cuenta.

2 Haz un esbozo para saber qué formas vas a necesitar.

3 Dibuja cada forma sobre el papel del color correspondiente.

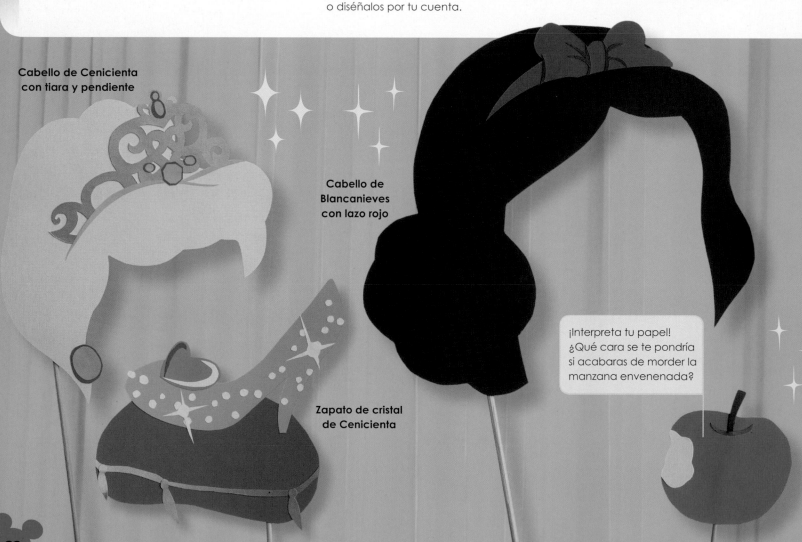

Cabello de Cenicienta con tiara y pendiente

Cabello de Blancanieves con lazo rojo

Zapato de cristal de Cenicienta

¡Interpreta tu papel! ¿Qué cara se te pondría si acabaras de morder la manzana envenenada?

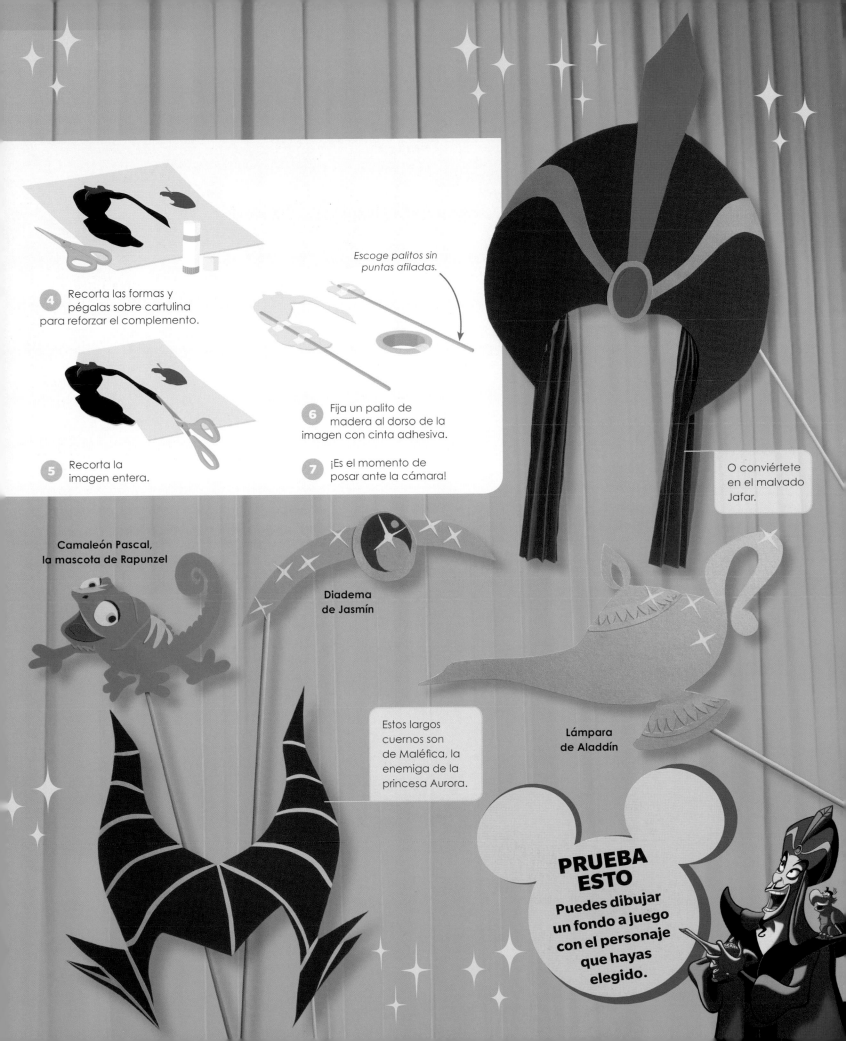

4 Recorta las formas y pégalas sobre cartulina para reforzar el complemento.

5 Recorta la imagen entera.

Escoge palitos sin puntas afiladas.

6 Fija un palito de madera al dorso de la imagen con cinta adhesiva.

7 ¡Es el momento de posar ante la cámara!

O conviértete en el malvado Jafar.

Camaleón Pascal, la mascota de Rapunzel

Diadema de Jasmín

Estos largos cuernos son de Maléfica, la enemiga de la princesa Aurora.

Lámpara de Aladdín

PRUEBA ESTO

Puedes dibujar un fondo a juego con el personaje que hayas elegido.

Enmárcate

Viste tus *selfies* con un marco digno de un príncipe o una princesa, ¡o incluso un villano! Un marco de cartulina o papel metalizados es un complemento perfecto para un retrato real.

Collar de masa

Antes de casarse, Pocahontas recibe de su padre un collar especial, que marca el inicio de una vida muy diferente para ella. Crea uno similar para llevarlo en tus propias aventuras.

Prepara la masa

Esta sencilla mezcla puede moldearse de cualquier forma. Se endurece por completo al cocerse.

1 Precalienta el horno a 100 °C.

2 Mezcla la harina, la sal y el agua y amasa con las manos hasta obtener una masa uniforme.

Necesitarás:

- 100 g de harina
- 100 g de sal
- 65 ml de agua
- Cuenco
- Cuchillo de punta redonda
- Pajitas

- Bandeja de horno
- Horno
- Pintura acrílica
- Pincel
- Aguja y cuerda
- Tijeras

Moldea y hornea

El collar de Pocahontas se compone de cuatro piezas alargadas y un colgante romboidal con un elemento decorativo.

1 Corta la masa en cinco trozos. Con cuatro de ellos, haz las piezas alargadas.

2 Con una pajita, perfora las piezas alargadas. No saques las pajitas por ahora.

Las piezas alargadas son de sección triangular y redondeada.

3 Con el quinto trozo de masa, haz una pieza romboidal con una prolongación superior.

4 Adorna el colgante con un rombo plano menor.

Aprieta una pieza contra la otra, o usa agua para que se peguen.

5 Dobla la prolongación del colgante en torno a una pajita para formar un bucle.

6 Retira las pajitas y coloca las piezas en una bandeja de horno.

7 Hornea la masa durante 2 horas.

Ensarta el collar

Cuando se hayan enfriado las piezas, puedes pintarlas de «todos los colores del viento»... pero el collar de Pocahontas es turquesa.

3 Mide la cuerda para que el collar pase por la cabeza. Corta la longitud adecuada, más 10 cm para poder atarlo.

5 Haz un nudo en la cuerda.

1 Aplica finas capas de pintura acrílica a cada pieza hasta obtener un tono uniforme.

Prueba con un gris pálido para el colgante.

2 Espera a que se seque cada capa antes de aplicar otra.

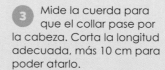

4 Ensarta las piezas con la cuerda. Puedes servirte de una aguja gruesa.

CONSEJO

La masa es estupenda para hacer formas, ¡pero no se come!

Pinta los extremos de un tono más claro.

También puedes hacer un collar como el del guerrero powhatan Kocoum.

¿SABÍAS QUE...?

El collar de Pocahontas había pertenecido a su madre.

Capa de Elsa

Elsa usa sus poderes mágicos para crear hielo y nieve, y para dotarse de un nuevo y reluciente aspecto con una capa escarchada. Hazte esta capa y muestra la Elsa que llevas dentro.

Necesitarás:

- Tela transparente blanca, de al menos 1,5 veces tu altura
- Tela transparente azul pálido, de al menos 1,5 veces tu altura
- Rotulador para tela
- Tijeras
- Hilo

- Aguja
- Cinta ancha
- Lápiz
- Papel
- Alfileres
- Cinta de doble cara
- Purpurina, gemas y pegamento para tela (opcional)

Haz la capa

La parte principal de la capa de Elsa son dos grandes piezas de tela, cosidas juntas por arriba.

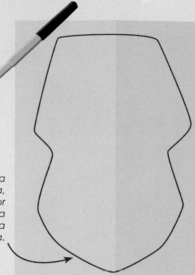

1 Dibuja la forma aquí mostrada sobre ambas telas. La forma de la tela azul debe ser algo menor que la de la blanca.

2 Recorta ambas piezas.

Para que la capa sea simétrica, dobla la tela por la mitad y dibuja la mitad de la forma.

3 Coloca la pieza menor sobre la mayor de modo que coincidan por arriba.

4 Cose los bordes superiores de ambas piezas.

CONSEJO
Para dibujar sobre la tela y cortarla, extiéndela sobre el suelo y pide a alguien que te la sujete.

Añade cintas para los brazos

Una princesa activa y ocupada no puede arriesgarse a que se le caiga la capa. Esta la sostienen dos simples cintas para los brazos.

Asegúrate de que el bucle te cabe en lo alto del brazo.

1 Corta dos trozos de cinta. Puedes usar también tiras de la tela transparente.

2 Haz un bucle con cada cinta y átalas con un nudo, dejando sueltos los extremos.

3 Cose los bucles de cinta sobre las esquinas superiores de la capa.

4 Ata los extremos de la cinta en lazos vistosos y ajusta el tamaño.

Añade detalles helados

La tela transparente brilla algo de por sí, pero puedes añadirle otros detalles para obtener un pleno efecto Frozen.

1 Dibuja copos de nieve sobre papel y recórtalos para hacer patrones.

2 Con alfileres, sujeta los copos a trozos sobrantes de tela y recórtalos.

3 Fija los copos de nieve a la capa con cinta de doble cara o pegamento para tela.

4 Puedes añadir a la capa purpurina y gemas usando pegamento para tela, ¡pero procura que la capa no se pegue al suelo!

Copos de adorno

El vestido de Elsa deja los hombros descubiertos.

¿SABÍAS QUE...?

El poder mágico de Elsa puede ser hermoso y divertido, pero cuando escapa a su control, trae el invierno a todo Arendelle. Con la ayuda de su hermana Anna, Elsa aprende a controlar sus poderes.

Disfraces de naipes

Disfrázate de naipe parlante y andante con estos trajes que no requieren costura. Estos naipes trabajan para la Reina de Corazones, pero tú no tienes por qué: ¡puedes formar tu propia baraja!

Planifica bien tus naipes

Estas instrucciones son para el cinco de corazones, pero se pueden adaptar para cualquier otro número o palo. Pide a un adulto que planche la funda de almohada para quitarle las arrugas antes de empezar.

Necesitarás:

- Papel y lápiz
- Tijeras
- Funda de almohada blanca
- Fieltro rojo o negro
- Tubo de cartón

- Pegamento para tela o cinta de doble cara
- Pegamento de barra
- Pintura (opcional)

1 Dibuja un corazón de unos 15 cm de ancho sobre papel y recórtalo. Este servirá de patrón.

2 Usa el patrón del corazón para recortar cinco corazones de fieltro.

El as tiene un único símbolo de su palo.

Para las cartas de números altos puede que sea necesario reducir el patrón.

Cinco de corazones

Cuatro de tréboles

Diez de diamantes

As de corazones

Tres de picas

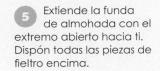

3 Recorta otro patrón de corazón en papel, menor que el primero. Usa este patrón para recortar otros dos corazones de fieltro. Estos irán bajo el número.

4 Dibuja y recorta un 5 de papel, y úsalo como patrón para recortar dos números de fieltro.

5 Extiende la funda de almohada con el extremo abierto hacia ti. Dispón todas las piezas de fieltro encima.

6 Pega las formas con pegamento para tela o cinta de doble cara. Si quieres decorar el dorso, repite los pasos 2 a 6 en la otra cara.

¡No olvides pedir permiso antes de cortar o manipular cualquier funda de almohada!

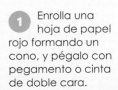

Puedes marcar primero con lápiz las aberturas de los brazos y el cuello, para asegurarte de que quepan.

7 Pide a un adulto que corte las aberturas del disfraz para la cabeza y los brazos.

PRUEBA ESTO
Si la funda te queda demasiado larga, se puede acortar. También se puede decorar una camiseta blanca de la misma manera.

¿SABÍAS QUE...?
La baraja francesa estándar tiene 54 cartas, 13 de cada uno de los cuatro palos (corazones, diamantes, picas y tréboles) y dos comodines.

Haz tu cetro
Los naipes-soldado llevan un cetro de su palo, que puedes hacer con papel enrollado, tubos de cartón y fieltro.

1 Enrolla una hoja de papel rojo formando un cono, y pégalo con pegamento o cinta de doble cara.

2 Pinta un tubo de cartón de rojo para hacer el mango. Una vez seco, pega el cono al tubo con pegamento o cinta de doble cara.

En vez de usar un tubo de cartón, puedes enrollar un trozo de cartulina para hacer el mango.

3 Recorta dos corazones de fieltro con el patrón mayor y pégalos dejando una pequeña abertura abajo.

4 Inserta el corazón en la parte superior del cetro y fíjalo con pegamento o cinta de doble cara.

Garfio pirata

Peter Pan es el gran enemigo del Capitán Garfio. Por su culpa, un cocodrilo arrancó una mano al capitán pirata, y desde entonces tiene un garfio en vez de mano. ¡Únete a la tripulación con tu propio garfio!

Necesitarás:

- Cartón
- Lápiz
- Pegamento
- Papel de aluminio
- Vaso de papel
- Cúter
- Tijeras
- Cinta adhesiva
- Blondas de papel
- Fieltro rojo
- Cinta de doble cara

Abre las blondas hacia fuera para dar volumen a las mangas de Garfio.

Casaca carmesí

¿SABÍAS QUE...?

El cocodrilo que se comió la mano de Garfio le sigue allá donde este navegue, ¡con la esperanza de repetir!

32

Haz el garfio

Este garfio tiene un mango largo para sostenerlo por dentro del vaso de papel. Esto impedirá que se caiga, ¡por mucho que lo agites durante la batalla!

1 Dibuja un garfio con un mango largo sobre cartón y recórtalo.

2 Envuelve el garfio en tiras de papel de aluminio y pégalas hasta cubrirlo por completo.

3 Dibuja el contorno del extremo del mango sobre la base del vaso para marcar la ranura.

4 Pide a un adulto que corte la ranura con un cúter.

CONSEJO
Antes de empezar, asegúrate de que te cabe la mano dentro del vaso de papel.

5 Comprueba que el gancho entra por la ranura.

El mango se prolonga dentro del vaso.

Para terminar

El vaso de papel queda oculto por la manga de la casaca carmesí del Capitán Garfio.

1 Dobla dos blondas de papel en cuartos.

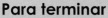

2 Corta la punta de cada blonda doblada.

3 Desdobla las blondas e inserta los extremos por la ranura alrededor del garfio.

4 Rodea el garfio con las blondas y pégalas con cinta.

5 Recorta una pieza de fieltro rojo que sea algo más estrecha por arriba que por abajo. Asegúrate de que la parte estrecha envuelve holgadamente el vaso.

Este lado debería tener el largo aproximado de tu antebrazo.

6 Aplica cinta de doble cara para unir los bordes de la manga.

7 Dispón los encajes para ocultar el fondo del vaso.

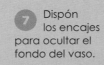

Zancos de animales

PRUEBA ESTO
Asegúrate de que las macetas soportan tu peso. Puede que tengas que hacerlas «dobles», con una dentro de otra.

En la selva de Mowgli, el tigre Shere Khan acecha, la pantera Bagheera camina silenciosa, y el elefante Coronel Hathi pisa fuerte. Sigue los pasos de estos animales con estos zancos.

Haz los pies

Las macetas de plástico se pueden decorar para que parezcan patas de animal, y usarlas como zancos.

La base de la maceta será la parte superior del zanco.

Deja tela sobrante en la boca de la maceta.

Necesitarás:

- 2 macetas de plástico resistente
- Tela de estampado animal
- Lápiz y tijeras
- Cinta de doble cara o pegamento para tela
- Cartulina blanca
- Cuerda gruesa

1 Haz rodar la maceta sobre la tela, y marca lo suficiente para forrar la maceta por completo.

2 Marca 2 cm extra por arriba, y lo suficiente para cubrir la mitad de la base de la maceta.

3 Mide y marca la misma cantidad de tela para la otra maceta. Recorta los dos trozos de tela.

4 Pega la tela sobre las macetas con cinta de doble cara o pegamento para tela. Deja la tela sobrante arriba y abajo sin pegar.

5 Haz cortes en la tela que sobresale por ambos extremos de la maceta. Dobla y pega la tela sobre la base.

6 Dobla la tela sobre la boca de la maceta y pégala al interior.

7 Corta ocho tiras de tela de 10 cm de largo y 3 cm de ancho para hacer los dedos. Enróllalas a lo largo y sujétalas con cinta.

8 Corta ocho triángulos equiláteros de cartulina blanca de unos 2,5 cm de lado.

9 Dobla dos esquinas de cada triángulo y únelas con cinta formando un rombo.

10 Pega con cinta una uña de papel a cada dedo, y luego cuatro dedos a cada maceta.

Convierte tus pies en zancos

Las macetas vienen ya perforadas con unos agujeros que son perfectos para poder sujetar las asas de los zancos.

1 Pide a un adulto que haga dos agujeros en la tela que coincidan con dos agujeros de la maceta.

2 Súbete con cuidado sobre las macetas para medir la cuerda para cada pie.

3 Haz un nudo en un extremo de la cuerda. Pasa esta por un agujero desde el interior de la maceta, y luego de vuelta por el segundo agujero. Haz un nudo en el otro extremo. Repite para el otro pie.

Pies de elefante

Para hacer pies de elefante, sigue los mismos pasos anteriores, pero usando papel crepe gris en lugar de fieltro y recortando las uñas de forma curva.

¿SABÍAS QUE...?
El poderoso y fiero tigre Shere Khan se comporta como el rey de la selva.

Tira de las cuerdas para mantener el equilibrio al andar.

Arruga el papel crepe gris para que parezca piel de elefante.

Si no tienes tela de estampado de tigre, puedes utilizar tela naranja y pegarle rayas negras.

Gorra de tiburón

¡Todos te verán venir con una gorra de tiburón en la cabeza! Causa sensación allá donde vayas con esta gorra inspirada en Bruce, el gran tiburón blanco.

Necesitarás:

- Gorra con visera
- Lápiz
- Hoja de gomaespuma
- Bolígrafo negro
- Tijeras
- Cola blanca

Preparación

Todas las formas se recortan de hojas de gomaespuma. El área extra es para las pestañas.

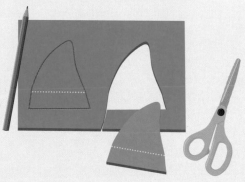

1 Dibuja dos aletas idénticas sobre gomaespuma azul, añadiendo una pestaña de 1,5 cm bajo cada una, y recórtalas. Comprueba su tamaño sobre la gorra.

2 Dibuja dos ojos y siete dientes sobre gomaespuma blanca y recórtalos.

3 Dibuja pupilas sobre los ojos con un bolígrafo negro.

Para terminar

Cuando tengas preparadas todas las piezas, solo falta pegarlas a la gorra.

1 Pega entre sí las dos piezas de las aletas, salvo las pestañas de la parte inferior. Dobla estas en ángulo recto hacia fuera.

Haz cortes en las pestañas para pegarlas mejor a la gorra.

2 Pega las pestañas sobre la parte superior de la gorra.

3 Dobla la parte superior de cada diente para tormar pestañas, y pega estas al interior de la visera.

4 Pega los ojos en la parte delantera de la gorra. Deja que todo se seque por completo.

CONSEJO
Si no tienes suficiente gomaespuma, puedes cubrir trozos de cartulina con fieltro.

Aleta dorsal

¿SABÍAS QUE...?
Bruce sigue una dieta sin pescado, y quiere hacerse amigo de Dory y Marlin en lugar de comérselos.

¡Solo tienes que hacer siete de los 202 dientes de Bruce!

Leis de papel

Lilo entrega a Stitch un lei como signo de su amistad. En Hawái se acostumbra a darlos como regalo, y se llevan durante las celebraciones. Transporta a tus amigos a un paraíso tropical con estas guirnaldas.

Necesitarás:

- Moldes de mini *cupcakes* de dos o tres colores (unos 130 en total)
- Lápiz
- Tijeras
- Hilo de bordar
- Aguja

Flower power

Recortar todos los pétalos puede parecer mucho trabajo, pero tardarás menos si recortas varios a la vez.

La forma que cortes se repetirá cuatro veces en el molde.

1 Apila varios moldes.

2 Dobla la pila por la mitad, y otra vez por la mitad.

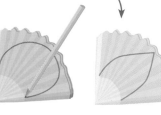

3 Dibuja encima tu diseño. Puedes utilizar uno redondeado para los pétalos y otro apuntado para las hojas.

4 Recorta tu diseño con cuidado, dejando intacto el centro.

5 Desdobla el papel y aparecerá un patrón simétrico.

Monta tu lei

Una vez reunidos pétalos y hojas, es el momento de enhebrar la guirnalda. ¡Comprueba antes que es más ancha que tu cabeza!

1 Mide hilo suficiente para hacer la guirnalda, añadiendo 10 cm más para atarla.

2 Enhebra la aguja y atraviesa con ella el centro de un molde, tirando del hilo hasta el final.

3 Para mantener fijos los pétalos, puedes hacer nudos en el hilo cada varios moldes.

4 Añade más moldes. Puedes orientarlos todos igual, o ir alternándolos en uno y otro sentido.

5 Haz un nudo o lazo en el hilo, ¡y el lei ya está listo para llevar!

PRUEBA ESTO
Los moldes con algún dibujo darán un aspecto muy diferente a tu lei.

La orientación alterna de los pétalos da al lei un aspecto más voluminoso y floral.

Los moldes de color verde parecen hojas.

¿SABÍAS QUE...?
El travieso Stitch es un extraterrestre, creado por un científico en otro planeta.

Alas de Buzz Lightyear

Desolado al saber que tan solo es un juguete, Buzz pronto descubre que no hay que ser un Space Ranger de verdad para emprender una gran expedición. ¡Crea tus propias alas y prepárate para volar hasta el infinito y más allá!

Necesitarás:

- Cartón ondulado grueso
- Tijeras
- Lápiz
- Regla
- Papel blanco
- Cinta adhesiva
- Papel de color o cartulina
- Pegamento de barra
- Cinta de doble cara
- Cinta ancha

Construye tus alas

Para empezar, prepara las tres piezas de cartón grueso que formarán las alas.

Cortar cartón grueso puede requerir supervisión adulta.

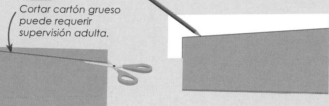

1 Corta con cuidado dos rectángulos de cartón ondulado grueso para las alas. Cada una debería medir lo mismo que la longitud desde el centro de tu espalda hasta el extremo de tu brazo extendido.

2 Con lápiz y regla, traza una diagonal a lo largo de un borde de cada ala. Corta por la línea.

3 Cubre las mitades superiores de las alas con papel blanco y cinta, como al envolver un regalo.

4 Envuelve las mitades inferiores con papel morado.

Corta las esquinas en ángulo desde el medio de cada lado.

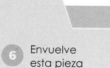

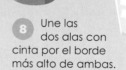

5 Recorta un rectángulo de cartón menor, un poco más alto que las alas y algo más estrecho que tu espalda.

6 Envuelve esta pieza menor de cartón en papel blanco.

7 Pega una franja de papel plateado sobre la parte inferior.

8 Une las dos alas con cinta por el borde más alto de ambas.

9 Pega el panel trasero sobre las alas con cinta de doble cara.

Adorna tus alas

Las alas y el panel trasero se decoran con papel o cartulina de color para darles un acabado llamativo.

Dobla la tira sobrante sobre el borde del ala.

El traje de Buzz está repleto de controles. Puedes copiar los suyos –que le hacen soltar cómicas frases hechas– o inventar otros.

1 Recorta las formas que necesites para decorar, como estas u otras.

2 Pega cuatro tiras rojas en ángulo a intervalos regulares en cada ala. Córtalas de modo que no cubran el papel morado.

3 Pega una tira verde larga a lo largo de cada ala, cubriendo las uniones de papel morado, blanco y rojo.

4 Cubre el extremo de cada ala con dos tiras verdes cortas, pegando entre sí las partes sobresalientes.

5 Pega las formas de los controles en el panel trasero.

¿SABÍAS QUE...?
Buzz es un moderno Space Ranger de juguete, que trabaja con el Comando Estelar para proteger el Sector 12 frente al malvado Emperador Zurg.

Luces rojas sobre el cinturón metálico

Las alas de Buzz Lightyear se recogen en el panel trasero.

Las cintas deben ser lo bastante largas para atarlas con comodidad a los brazos.

CONSEJO
Si no tienes un cartón lo bastante grande para hacer las alas, puedes unir trozos menores con cinta.

6 Pide a un adulto que sostenga las alas sobre tu espalda para encontrar el mejor lugar para fijar las cintas.

7 Corta la cinta para los brazos, pégala con cinta adhesiva, ¡y a jugar!

Marionetas de dedo

Christopher Robin vive divertidas aventuras con los animales del Bosque de los Cien Acres. Con estas adorables marionetas, tú puedes hacer lo mismo. Da vida a los personajes con fieltro de colores, y que empiece la función.

Necesitarás:

- Papel de calco
- Lápiz
- Tijeras
- Alfileres
- Fieltro de colores
- Cola blanca o cinta de doble cara
- Rotulador negro

Haz las marionetas

Todas las marionetas aquí mostradas emplean la misma forma básica para el cuerpo. Puedes personalizar los colores y añadir las formas que quieras.

1 Copia sobre papel de calco los patrones de las pp. 192–193.

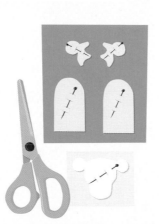

2 Recorta el papel de calco y sujeta con alfileres las formas al fieltro.

Cuerpo naranja (anverso)

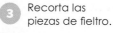
Cuerpo naranja (reverso)

Cabeza amarillo claro

Boca roja

Vientre melocotón

Orejas naranjas

Nariz rosa

3 Recorta las piezas de fieltro.

4 Junta el anverso y el reverso del cuerpo y comprueba que te cabe el dedo, teniendo en cuenta la parte que se va a pegar.

La costura de la cabeza de Ígor se pinta con bolígrafo.

Tigger

Pooh

¿SABÍAS QUE...?
Winnie the Pooh y sus amigos se inspiraron en los peluches de un niño, Christopher Robin, nacido en 1920. Su padre, Alan A. Milne, escribió los relatos originales.

5 Pega las dos piezas con cola o cinta. Pégalas solo por los bordes, y no por la base.

6 Coloca sobre el cuerpo las piezas de vientre, cabeza, nariz, boca y orejas. Cuando creas haber encontrado la disposición idónea, pégalas con cola o cinta de doble cara.

7 Dibuja los ojos con rotulador negro.

CONSEJO
En las pp. 192–193 encontrarás patrones para los cinco personajes, que puedes hacer siguiendo los mismos pasos.

La sonrisa de Pooh es una simple pieza curva de fieltro.

Piglet

Ígor

Conejo

CAMPANILLA
Jardín de hadas

No hay otro lugar como el hogar para Campanilla y las demás hadas de Nunca Jamás, que viven en los recovecos de Pixie Hollow. ¿Qué puedes encontrar para hacer un jardín encantado digno de un hada?

Necesitarás:

- Tetera o taza vieja
- Lápiz
- Cartón
- Cartulina
- Tijeras o cúter
- Palitos de helado
- Cola blanca
- Rotuladores
- Masilla adhesiva o cinta adhesiva
- Musgo
- Lentejuelas
- Arcilla de secado al aire o polimérica
- Pintura acrílica
- Pincel
- Maceta o recipiente
- Arena o tierra
- Ramitas
- Hilo de lana
- Guijarros o gravilla
- Piñas, hojas, conchas, botones, pompones, etc. (opcional)

Prepara tu casita de hadas

Campanilla vive en una tetera reconvertida, pero también puedes hacer un jardín de hadas con una taza. ¡Pide permiso antes de usarla!

1 Traza el contorno de la taza sobre un trozo de cartón, y úsalo para recortar un círculo ligeramente menor que quepa justo en la taza.

El círculo debería caber justo dentro de la taza.

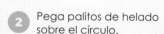

2 Pega palitos de helado sobre el círculo.

3 Pide a un adulto que, con un cúter, recorte los palitos en forma circular.

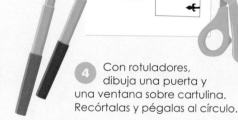

4 Con rotuladores, dibuja una puerta y una ventana sobre cartulina. Recórtalas y pégalas al círculo.

Pega los detalles en el lado de los palitos.

5 Fija el círculo de palitos en el interior de la taza con masilla o cinta adhesiva.

6 Pega musgo trepando por la pared y bajo la ventana; si añades «flores» de lentejuelas, parecerá un macetero.

Para terminar

Las hadas de Nunca Jamás construyen y adornan sus casas con lo que encuentran, y eso mismo puedes hacer tú, con lo que tengas a mano.

Comprueba que la taza esté bien asentada y no se mueva.

Puedes pintar las piñas a juego con los colores que has usado.

También puedes usar vegetación real.

1 Llena hasta la mitad de arena o tierra una maceta grande, y entierra ligeramente la taza.

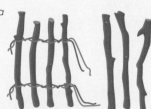

2 Haz una valla de ramitas atadas con hilo de lana. Colócala en la arena, en torno al borde de la maceta.

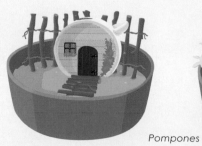

3 Coloca ramitas, guijarros o gravilla para hacer un camino hasta la puerta.

Pompones

4 Completa tu jardín de hadas con matas de musgo, piñas o cualquier otro detalle.

44

Haz unas setas

Nada identifica un jardín de hadas como las setas rojas con motas blancas. Moldéalas y añádelas a la escena.

1 Para cada seta, divide una pequeña bola de arcilla en dos trozos, uno mayor que otro. Moldéalos para darles forma.

Trozo mayor para el sombrero

2 Deja secar las piezas, u hornéalas siguiendo las instrucciones del paquete. Si las horneas, déjalas enfriar.

Trozo menor para el pie

3 Pinta el pie de blanco y el sombrero de rojo con manchas blancas. Una vez secas, pega las piezas entre sí.

Si usas plantas reales, coloca tu jardín de hadas en un lugar adecuado.

La valla da privacidad a las hadas.

¿SABÍAS QUE...?

En el reino de Pixie Hollow en Nunca Jamás viven cientos de pequeñas hadas, entre ellas Campanilla.

Orejas de fieltro

En Zootrópolis viven criaturas de todos los tamaños y formas, de orejas largas, pequeñas o caídas. Disfrázate con estas orejas para combatir el crimen como Nick y Judy.

Necesitarás:

- Diadema infantil
- Fieltro
- Tijeras
- Cola blanca
- Hilo de lana o algodón
- Cartulina
- Rotuladores para fieltro

Prepara las diademas

Tanto si vas a hacer las orejas de zorro de Nick, las de conejo de Judy o las de cualquier otro personaje, los primeros pasos son los mismos.

Envuelve la diadema con una delgada tira de fieltro.

1 Forra la diadema con fieltro del color del personaje elegido, pegándolo con cola blanca. Usa fieltro gris para Judy; para Nick, fieltro marrón.

2 Rodea la diadema con lana o hilo para sujetar el fieltro. Déjala secar toda la noche.

3 Una vez seco el pegamento, retira el hilo.

Haz las orejas de Judy

Las largas orejas de conejo llevan cartón entre las capas de fieltro para mantenerse erguidas.

1 Recorta todas las piezas de fieltro y cartón.

2 refuerzos de cartón

2 piezas de fieltro exteriores

2 piezas de fieltro centrales

2 piezas de fieltro interiores

2 Pega el refuerzo de cartón en el centro de cada pieza exterior de fieltro gris.

El refuerzo de cartón debe ser ligeramente menor que la pieza blanca central.

3 Pega las piezas de fieltro blancas al cartón para tapar por completo los refuerzos.

4 Pega las piezas de fieltro rosa en el centro de cada oreja.

5 Dobla las pestañas de ambas orejas en torno a la diadema y pégalas en su lugar.

6 Dobla hacia dentro los lados del fieltro gris y pégalos solapados por delante.

7 Sombrea el extremo de cada oreja con un rotulador gris.

Haz las orejas de Nick

Estas orejas de zorro consisten en rombos doblados para formar triángulos.

1 Recorta todas las piezas de fieltro y cartón.

2 rombos de fieltro del exterior de la oreja

2 refuerzos de cartón

2 piezas de fieltro interiores

2 puntas de fieltro

2 Pega los refuerzos de cartón sobre la mitad superior de cada rombo de fieltro marrón, como en el paso 2 para Judy.

3 Pega los triángulos de fieltro negro sobre el cartón de cada oreja de manera que asomen sobre el fieltro marrón.

4 Coloca el centro de los dos rombos sobre la diadema forrada de fieltro marrón.

5 Pega cada mitad del rombo sobre la otra mitad, ciñendo la diadema.

6 Pega los triángulos crema sobre la parte delantera de cada oreja.

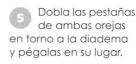

Deja visible parte de la punta negra.

¿SABÍAS QUE...?

Las largas orejas de Judy le sirven para oír los clics que hacen los parquímetros. Es la empleada de parking más rápida que ha conocido Zootrópolis.

Comprueba que la diadema sea cómoda.

Carroza mágica

Este proyecto te hará sentir como el hada madrina de Cenicienta. Por increíble que parezca, es posible transformar una calabaza en una carroza, y con suerte, ¡hasta puede durar más allá de la medianoche!

Prepara la calabaza

Escoge la calabaza de forma más regular que encuentres. Antes de empezar, lávala.

Necesitarás:

- Una calabaza que conserve el tallo
- Utensilios para vaciar calabazas o cuchillo y cuchara
- Pintura acrílica y pincel
- Lápiz

- Retales de satén rosa
- Tijeras
- 2 alfileres
- Pegamento
- Cinta de alambre ancha
- Bote transparente pequeño (opcional)

1 Pide a un adulto que abra un agujero bajo la calabaza. Extrae toda la pulpa.

A falta de pintura azul iridiscente, mezcla pintura azul, blanca y plateada.

2 Pide a un adulto que te ayude a cortar una ventana semicircular.

3 Pinta la calabaza de azul claro iridiscente. Harán falta dos o tres capas.

4 Déjala secar por completo.

5 Pinta el tallo de color dorado.

Para terminar

Ya seca la calabaza, está lista para la transformación mágica en una carroza de cuento de hadas.

1 Con un lápiz, dibuja una puerta ovalada y la C de Cenicienta en un escudo.

2 Pinta el borde de la ventana y los trazos del lápiz con pintura dorada.

3 Corta un rectángulo de satén rosa a la medida de la ventana.

4 Sujeta el satén con pegamento o alfileres por dentro de la calabaza a modo de cortina.

Puedes añadir purpurina para realzar el aspecto mágico.

CONSEJO
Para dotar el carruaje de un resplandor mágico, puedes poner dentro una luz con pila.

Haz un rizo más cerrado para las ruedas traseras que para las delanteras.

5 Corta un trozo largo de cinta de alambre y haz un rizo apretado en cada extremo. Repite con otro trozo de cinta.

6 Coloca la calabaza sobre las cintas. Puedes elevar la calabaza con un bote de vidrio como soporte.

7 Recorta los picos de una corona en un trozo de cinta ancha. Envuelve con ella el tallo y pégala.

8 Corta unas finas tiras de cinta, haz con ellas rizos apretados y pégalos en torno a la corona.

JUEGOS

Besa a la rana

A Tiana nunca se le pasó por la cabeza besar a una rana, pero el príncipe Naveen, en forma de rana, la hará cambiar de opinión. Prueba esta variante ranesca de un juego clásico.

Necesitarás:

- Hoja de papel tamaño póster
- Rotuladores o pintura
- Cartulina blanca
- Masilla adhesiva
- Venda

¡El príncipe Naveen es un joven convertido en rana mediante magia negra!

1. Dibuja o imprime una imagen grande de una rana.

2. Dibuja marcas de labios sobre cartulina, píntalas de colores distintos y recórtalas. Hará falta al menos una marca de labios para cada jugador.

3. Fija la rana a la pared con masilla adhesiva, a la altura de los ojos de los jugadores.

4. Pega masilla adhesiva a cada marca de labios y entrega una a cada jugador.

¡A JUGAR!

A cada jugador, por turno, se le vendan los ojos, se le hace dar tres vueltas, y luego pega la marca de labios sobre la rana, lo más cerca posible de la boca. Cuando hayan jugado todos, gana aquel cuyos labios estén más cerca del centro de la boca de la rana.

Croquet de flamencos

La Reina de Corazones juega al croquet usando flamencos y erizos. Esta versión mini no requiere animales vivos ni los grandes jardines del Palacio Real. ¡Que comience el juego!

Necesitarás:

- Papel de calco
- Lápiz
- Cartulina rosa
- Tijeras
- Palillos chinos (uno por flamenco)
- Cinta adhesiva
- Ojos saltones (uno por flamenco)
- Pegamento
- Limpiapipas
- Pelota de ping-pong
- Pintura (opcional)

Haz un mazo

Puedes usar el patrón para hacer tu mazo de flamenco.

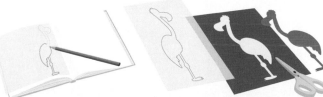

1 Calca el flamenco del patrón de la p. 190 sobre papel de calco.

2 Copia formas de flamenco en cartulina rosa y recorta una para cada jugador.

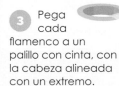

3 Pega cada flamenco a un palillo con cinta, con la cabeza alineada con un extremo.

4 Pega un ojo saltón en cada flamenco.

Crea el recorrido

Los limpiapipas forman arcos perfectos para el mini campo de juego. Seis es un buen número.

1 Dobla los limpiapipas para darles forma de arco.

2 Tuerce los extremos de cada arco para hacer una base plana.

Reparte los arcos para hacer un recorrido difícil.

PRUEBA ESTO

¡Puedes decorar la pelota de ping-pong para que parezca un erizo!

¡A JUGAR!

El primer jugador intenta hacer pasar la bola por el primer arco. Si lo logra, lo intenta con el segundo, y si no, pierde el turno y le toca al siguiente jugador. Gana el primero que acaba el recorrido.

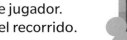

Bolos-enanitos

Los amigos de Blancanieves quieren jugar, así que son perfectos como bolos. Intenta derribarlos con una manzana roja envenenada en este entretenido juego.

Necesitarás:

- 7 tubos de cartón
- Tijeras y pegamento
- Cinta adhesiva
- Bolsas para congelar
- Arroz crudo
- Pintura y pincel
- Fieltro de colores
- Cartulina dorada
- Rotuladores para fieltro
- Hilo de algodón
- Pelota de tenis

Prepara tu enanito
Un tubo de cartón lastrado con arroz forma el cuerpo de cada bolo-enanito.

1 Haz siete cortes, cada uno de 3 cm de alto, repartidos por la base regularmente.

2 Dobla las tiras hacia dentro.

3 Mantenlas en su lugar con cinta adhesiva.

4 Comprueba que el tubo se mantiene en pie y haz ajustes si es necesario.

5 Pinta los 5 cm superiores de rosa claro para el rostro.

6 Llena hasta la mitad una bolsa de congela pequeña con arr para lastrar el bo

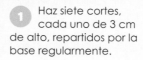

Viste al enanito
Corta fieltro de distintos colores para decorar tus enanitos.

Cinturón

Brazos

Gorro

Abrigo

Manos

Pies

Barba

Nariz

1 Envuelve el tubo con la pieza del abrigo y pégala solapada por detrás.

2 Ponle la barba por delante.

3 Pega una mano en cada extremo de los brazos.

4 Pega la pieza de los brazos, envolviendo con ella el tubo por detrás.

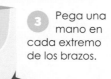

5 Pega el cinturón sobre el abrigo.

6 Recorta una hebilla en cartulina dorada y pégala al cinturón.

7 Pega los pies en la parte inferior.

Haz la base lo más plana posible para mantener el bolo en equilibrio.

8 Introduce la bolsa de arroz en el tubo.

9 Pega la pieza rectangular del gorro en torno a la parte superior.

10 Frunce la tela para cerrar el gorro y cóselo.

11 Pega la pieza redonda de la nariz.

12 Dibuja una cara tratando de reflejar la personalidad del enanito en cuestión.

Manzana envenenada
La manzana roja hecha con una pelota de tenis servirá para derribar los bolos.

Hoja

Hoja

Tallo

1 Pinta de rojo una pelota de tenis.

2 Pégale las hojas y el tallo de fieltro.

¡A JUGAR!

Coloca los enanitos y lanzad contra ellos la manzana por turnos, poniéndolos de nuevo en pie tras cada tirada. ¡Gana el jugador que derribe el mayor número de enanitos!

¿SABÍAS QUE...?

La tarta de manzana y el pastel de moras son la comida favorita de los enanitos.

A Dormilón, siempre dispuesto a una cabezadita, no le importa que lo derriben.

¿Qué clase de amigo eres?

Todo héroe necesita un compañero que le ayude a culminar con éxito sus aventuras, ya sea animándole, planeando una misión, limitando sus excesos o simplemente siendo su mejor amigo. ¿Qué clase de compañero eres tú?

¿Se te da bien hacer que otros se sientan mejor?

Sí

No

¿Ayudarías a tu amigo aunque esto te pusiera en peligro?

¿Intentas ver el lado bueno de las personas?

Sí

No

Sí

Sí

No

No

¿Prefieres contar chistes a gastar bromas?

Sí

¡COMIENZA!

¿Amas la aventura por encima de todo lo demás?

No

¿Haces siempre lo que se te dice?

No

Sí

¿Eres servicial?

No

Sí

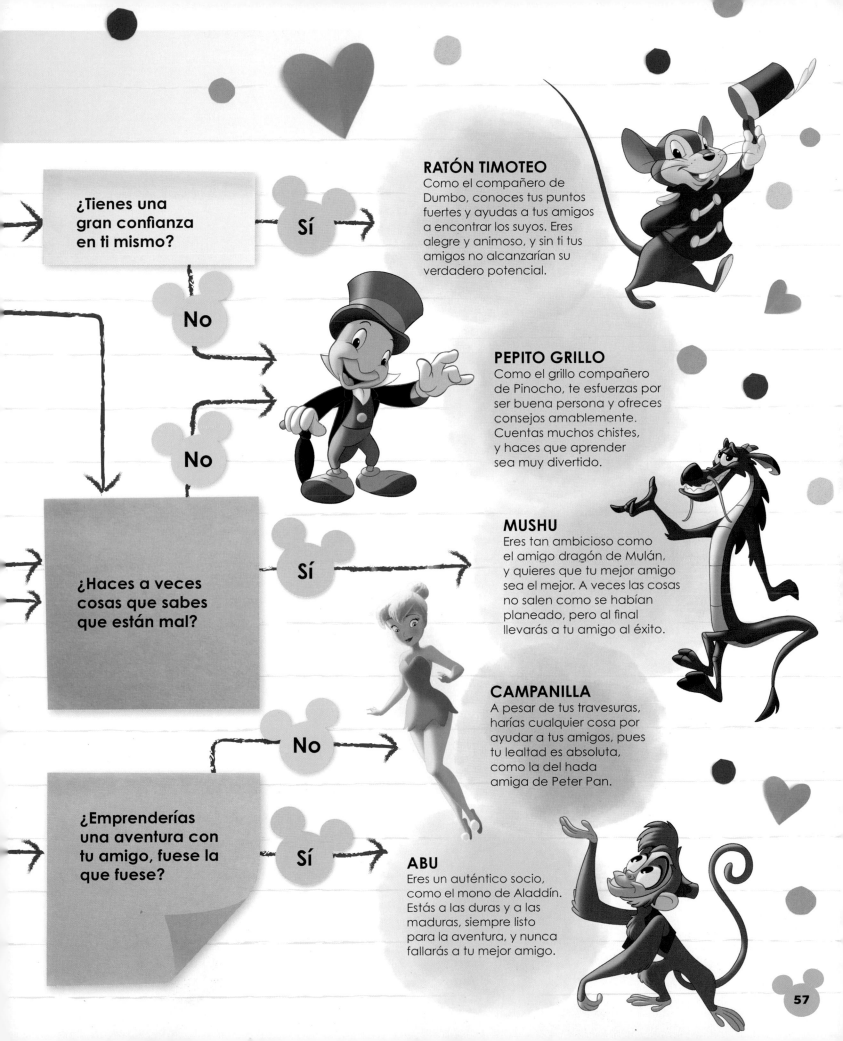

¿Tienes una gran confianza en ti mismo?

SÍ

RATÓN TIMOTEO
Como el compañero de Dumbo, conoces tus puntos fuertes y ayudas a tus amigos a encontrar los suyos. Eres alegre y animoso, y sin ti tus amigos no alcanzarían su verdadero potencial.

No

No

PEPITO GRILLO
Como el grillo compañero de Pinocho, te esfuerzas por ser buena persona y ofreces consejos amablemente. Cuentas muchos chistes, y haces que aprender sea muy divertido.

¿Haces a veces cosas que sabes que están mal?

SÍ

MUSHU
Eres tan ambicioso como el amigo dragón de Mulán, y quieres que tu mejor amigo sea el mejor. A veces las cosas no salen como se habían planeado, pero al final llevarás a tu amigo al éxito.

No

CAMPANILLA
A pesar de tus travesuras, harías cualquier cosa por ayudar a tus amigos, pues tu lealtad es absoluta, como la del hada amiga de Peter Pan.

¿Emprenderías una aventura con tu amigo, fuese la que fuese?

SÍ

ABU
Eres un auténtico socio, como el mono de Aladdín. Estás a las duras y a las maduras, siempre listo para la aventura, y nunca fallarás a tu mejor amigo.

Ecolocalización

El amigo de Dory, la beluga Bailey, usa la ecolocalización para orientarse. Los humanos no podemos ecolocalizar, pero sí divertirnos con este juego en el que usarás el oído para encontrar cosas.

Necesitarás:

- Un espacio grande libre de obstáculos y sin peligro de tropezar
- Venda (opcional)

Al rescate

Cuando Dory se pierde en un laberinto de tuberías, Bailey logra ayudarla gracias a la ecolocalización, incluso a distancia, y la pone a salvo desde su acuario.

¡A JUGAR!

1. El jugador al que le toca buscar cierra o se venda los ojos. El objetivo del juego es encontrar a los demás jugadores solo con el oído.

2. El buscador hace sonar palmas una vez, y los demás deben responder.

3. Guiándose por este sonido, o por cualquier otro ruido que hagan los jugadores al respirar o moverse, el buscador debe localizarlos y tocarlos levemente.

4. El buscador puede dar hasta cinco palmadas, y si no logra dar con nadie, termina la ronda.

5. Cuando se encuentra a un jugador, este pasa a ser el buscador y comienza otra ronda.

¿SABÍAS QUE...?

Algunas ballenas usan la ecolocalización para cazar y orientarse. Emiten sonidos que rebotan sobre los objetos y vuelven a ellas, y así pueden determinar dónde se encuentran.

TRANSFER 3181

Alfombras voladoras

La Alfombra Mágica es amiga de Aladdín, y le ayuda a ganarse el corazón de Jasmín llevándoles alrededor del mundo y hacia las estrellas. A ver si puedes ganar un premio con tu alfombra en este juego.

Diseña tus alfombras

Puedes preparar las alfombras por anticipado, o cada jugador puede hacer la suya como actividad previa al juego.

1 Decora tu hoja de papel con bolígrafos o pintura.

2 En los lados cortos, haz cortes a breves intervalos para hacer los flecos.

Necesitarás:

- Papel (lo bastante grande para sentarse encima)
- Tijeras
- Bolígrafos o pintura
- Reproductor de música y alguien que lo maneje

Las alfombras árabes suelen tener diseños simétricos.

¡A JUGAR!

En la primera ronda de ensayo ha de haber el mismo número de alfombras que de jugadores. Coloca las alfombras sobre el suelo en círculo. Mientras suena la música, los jugadores bailan o se mueven a su alrededor; cuando cesa, todos deben sentarse sobre una alfombra. En cada ronda se retira una alfombra. Quien se quede sin alfombra en la que sentarse cuando cese la música, será eliminado, y el ganador será el último jugador que quede.

¿SABÍAS QUE...?

La Alfombra Mágica es muy lista, y le encanta jugar al ajedrez. El pobre Genio pierde casi siempre ante ella.

¿Más difícil todavía?

El juego se puede complicar añadiendo alguna tarea que realizar antes de sentarse, como saltar cinco veces separando las piernas o dar una vuelta a la alfombra caminando al revés.

Atrapaperros

Golfo quiere proteger a sus amigos del perrero e impedir que los encierren en la perrera. A ver si eres capaz de rescatar a tus amigos del encierro con esta variante del pilla pilla.

Necesitarás:

- Cinta o tiza

¿SABÍAS QUE...?

Golfo llama con afecto a Reina «Pidge» (diminutivo de pigeon, «paloma» en inglés).

¡A JUGAR!

1. Marca un cuadrado en el suelo con cinta, o con tiza si juegas en la calle. Comprueba que quepan en él todos los jugadores sentados. El cuadrado es la perrera.

2. Un jugador hace de perrero y persigue a todos los demás, que hacen de perros. Aquel al que consiga tocar, debe sentarse en la perrera.

3. Si otro jugador llega hasta la perrera, puede liberar a los perros encerrados tocándolos.

4. El juego termina cuando el perrero ha encerrado a todos los perros, y el último en ser atrapado pasa a ser el perrero.

La perrera

Reina es tomada por una perra problemática y la llevan a la perrera; pero la tía de su dueña, Sara, no tarda en rescatarla.

CONSEJO

¿Por qué no jugar con un par de orejas de perro de papel sujetas con una cinta?

LA PELÍCULA DE TIGGER

Carreras de Tigger

A Tigger le encanta dar botes; y aunque Tigger solo hay uno, tú también puedes hacerlo. Entra en acción y reta a tus amigos en esta carrera de saltos.

Necesitarás:

- Bolas con mango para saltar (¡o los pies, si lo prefieres!)

¡A JUGAR!

1. Define una línea de salida y otra de meta.

2. Alguien que no participe en la carrera grita «¡ya!», y todos botan lo más rápido que puedan.

3. El primero que cruce la meta es el ganador.

4. Puedes hacer más difícil la carrera añadiendo obstáculos u otros retos.

LA BELLA DURMIENTE

Bellas durmientes

¡Llamando a todos los aspirantes a princesa y príncipe! Es la hora del sueño encantado. Finge dormir en un castillo de hadas en este juego de fiesta real.

Necesitarás:

- Un suelo cómodo para tenderse

¡A JUGAR!

1. Todos los jugadores menos uno se tienden en el suelo, tan quietos como puedan y con los ojos cerrados.

2. El otro jugador pasea atento a la menor señal de movimiento.

3. El que se mueva queda eliminado.

4. Si todos están quietos, el vigilante puede intentar hacerles reír hablando o haciendo alguna tontería (pero sin tocarles).

5. El que «duerma» más tiempo es el ganador.

PRUEBA ESTO
Los ruidos graciosos y las voces tontas pueden hacer reír a los durmientes.

Atrapa a la rata

Remy tiene que ser rápido para mantenerse oculto en la cocina, y va a hurtadillas para que nadie lo vea. A ver si tus amigos pueden encontrarlo en este juego.

Necesitarás:

- Tubo de cartón
- Lápiz
- Tijeras
- Pincel
- Pintura
- 3 vasos de papel

Haz la rata

Crea tu propio Remy para usar en el juego. También puedes usar una pelota pequeña.

1 Traza un círculo alrededor del tubo, a unos 2,5 cm de altura, con dos siluetas de orejas.

Comprueba que la rata cabe debajo de un vaso.

2 Recorta con cuidado la forma de la rata.

3 Dibuja los simpáticos rasgos de Remy con un lápiz.

4 Pinta el rostro.

¿SABÍAS QUE...?

Remy controla a Linguini como una marioneta, tirándole del pelo oculto bajo el gorro de chef.

¡A JUGAR!

Coloca tres vasos idénticos y a Remy delante de tus amigos. Tapa a Remy con un vaso, luego cambia los vasos de sitio rápidamente para confundir a tus amigos, y pregúntales dónde está la rata. Si aciertan, ganan.

Los vasos parecen gorros de chef.

Palos de Pooh

Este juego nació cuando a Winnie se le cayó una piña al río. Ahora los animales del Bosque de los Cien Acres lo practican a todas horas, y tú puedes hacer lo mismo.

Necesitarás:

- Un palo para cada jugador
- Un puente sobre un río

¿SABÍAS QUE...?

Desde 1984 se celebra en Reino Unido un Campeonato Anual de Palos de Pooh.

Estrategia

Los palos lisos navegan más rápido, así que retira del tuyo cualquier ramita o corteza suelta.

¡A JUGAR!

1. Cada jugador busca un palo para jugar.

2. Los jugadores se sitúan en un puente mirando río arriba.

3. Los jugadores sostienen los palos a la misma altura sobre el agua.

4. En el mismo instante, los jugadores dejan caer los palos al agua. ¡Hay que dejarlos caer, no lanzarlos!

5. Los jugadores van al otro lado del puente para ver pasar sus palos.

6. Gana el dueño del palo que asome primero.

CONSEJO
Procurad que sea fácil distinguir unos palos de otros.

La caza del zorro

En el mundo de Tod y Toby se espera que zorros y sabuesos sean enemigos. Desafía esta idea, como hacen ellos, con este juego.

Necesitarás:

- Un espacio abierto, libre de obstáculos

Amigos contra el destino

Siendo unos cachorros, Tod y Toby no piensan que se supone que han de ser enemigos, y en lugar de perseguirse, se convierten en los mejores amigos.

¡A JUGAR!

1 Un jugador hace de sabueso, y los demás son zorros, como Tod.

2 El sabueso persigue a los zorros, y el primero al que toque será Toby.

3 El sabueso sigue persiguiendo a los otros zorros, y cuando los atrapa, deben permanecer quietos y con los brazos y las piernas abiertos en forma de aspa.

4 Toby puede liberar a los zorros atrapados pasando por debajo de sus piernas.

5 Toby solo puede liberar a cada zorro una vez. Si un zorro vuelve a ser atrapado, debe permanecer con las piernas juntas para indicar que ha sido eliminado.

6 El juego continúa hasta que solo queda un zorro, que es el ganador.

Toby

Tod

¿SABÍAS QUE...?

Tod es una antigua palabra inglesa para «zorro», usada en Escocia.

64

El juego de los dálmatas

Los dálmatas Pongo y Perdita salen a rescatar a sus quince cachorros de Cruella de Vil, ¡pero acaban adoptando a 101! Busca y rescata tantos perros como puedas en este juego de manchas.

Necesitarás:

- Protección para el suelo (papel de periódico o plástico)
- Papel blanco
- Pintura negra
- Cepillo de dientes viejo
- Tijeras

Preparación

El juego consiste en encontrar «perros» escondidos, que antes hay que preparar.

1 Pon papel blanco sobre papel de periódico o plástico.

2 Moja el cepillo de dientes en pintura negra.

3 Encima del papel, frota las cerdas para que la pintura salpique el papel dejando manchas.

4 Una vez seca la pintura, recorta círculos moteados… ¡Puedes hacer hasta 101!

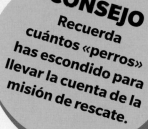

CONSEJO
Recuerda cuántos «perros» has escondido para llevar la cuenta de la misión de rescate.

¡A JUGAR!

Uno de los jugadores esconde los papeles manchados por la habitación, la casa o el jardín. Todos buscan a los «perros» lo más rápido que pueden, y el que más «perros» rescate es el ganador.

¿SABÍAS QUE...?

Para encontrar a sus cachorros perdidos, Pongo usa el «ladrido del crepúsculo», un medio de comunicación especial entre perros.

Escondites

Los 101 cachorros capturados se esconden de Cruella y sus secuaces en toda clase de lugares: bajo la cama, bajo las escaleras, en una furgoneta en marcha… Hasta se cubren de hollín para ocultarse.

Soldados paracaidistas

¡Atención! Tu misión es hacer tus propios soldaditos verdes de *Toy Story*. Lánzalos desde lo alto y mira cómo descienden en paracaídas. Compite con tus amigos a ver quién aterriza primero. Tropa, ¡vamos allá!

Necesitarás:

- Papel de calco
- Lápiz
- Cartulina verde
- Tijeras
- Servilletas de papel
- Pegamento
- Perforadora
- Hilo

Reúne tu ejército

Los soldaditos verdes son profesionales, pero necesitan el equipo adecuado para su tarea.

Asegúrate de no perforar demasiado cerca de los bordes.

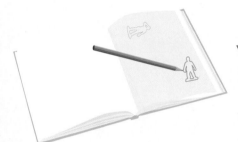

1 Calca los soldados del patrón de la p. 190, o diséñalos tú mismo.

2 Copia los soldados en cartulina verde y recórtalos. Cada paracaídas necesita dos formas: anverso y reverso.

3 Desdobla por completo las servilletas y haz un agujero en cada esquina.

Comprueba que los hilos tienen la misma longitud.

4 Corta dos trozos de hilo de 43 cm de largo para cada paracaídas.

5 Dobla cada hilo por la mitad con el fin de obtener cuatro trozos menores iguales.

6 Pega el centro de ambos trozos de hilo a la cabeza de un soldado, que así quedará suspendido por cuatro hilos.

7 Pega una segunda figura a la espalda del soldado. Esta cubrirá los hilos pegados y añadirá peso al soldado.

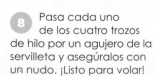

8 Pasa cada uno de los cuatro trozos de hilo por un agujero de la servilleta y asegúralos con un nudo. ¡Listo para volar!

Brazo en posición de saludo

¡A JUGAR!

Escoged un soldado cada uno y subid a una altura segura. Soltad los soldados y observad cómo flotan hasta posarse en el suelo. Gana el jugador cuyo soldado se pose primero.

67

Campo de entrenamiento

Cuando Mulán se une al ejército del Emperador, debe entrenar muy duro. Los soldados deben estar en forma para batir a sus enemigos. Este es un juego perfecto para el entrenamiento de guerreros.

Necesitarás:

- Una cinta de papel crepe para cada jugador, lo bastante larga para atarla en torno a la cintura y que cuelgue al menos 30 cm

¡A JUGAR!

1. Cada jugador lleva una cinta de papel crepe alrededor de la cintura a modo de faja, con una tira colgando.

2. El objetivo del juego es que cada jugador arranque tantas fajas como pueda sin que la suya sufra daño.

3. El ganador es el último jugador que conserve intacta la faja.

4. Se puede jugar por equipos con fajas de distinto color. Gana el equipo que conserve el mayor número de fajas pasado un tiempo establecido.

CONSEJO
Ata el papel crepe holgadamente para que no se rompa antes de empezar a jugar.

Guerrera valerosa

En el campo de entrenamiento militar, Mulán gana fuerza y forma física con el senderismo, las carreras y la escalada. Aprende artes marciales, a luchar con palos y a usar el arco y las flechas. Emplea sus habilidades para salvar a China y honrar a su familia.

BLANCANIEVES Y LOS SIETE ENANITOS
Morder la manzana

CONSEJO
Es buena idea protegerse los ojos con gafas de natación.

La madrastra de Blancanieves le da una manzana envenenada que la sume en un sueño encantado. Pero no te preocupes: las manzanas de este juego son seguras.

Necesitarás:

- Un recipiente grande y limpio
- Agua fresca
- Manzanas
- Toallas u hojas de plástico

¡A JUGAR!

1. Pon las manzanas en el recipiente con unos dos tercios de agua. Si juegas en interior, pon toallas o plástico bajo el recipiente.

2. Los jugadores, por turno, con las manos a la espalda, tratan de coger una manzana con la boca.

3. Las manzanas mordidas deben retirarse enseguida del agua para que esta se mantenga limpia.

4. El ganador puede ser o bien el que coja más manzanas, o bien el que muerda una antes.

TOY STORY
Juguetes con vida

Andy no lo sabe, pero en cuanto les da la espalda, los juguetes de su habitación cobran vida. Entra en el mundo secreto de Buzz, Woody y los demás con este divertido juego.

Necesitarás:

- Reproductor de música

¡A JUGAR!

1. Un jugador es Andy, y los demás son los juguetes.

2. La música empieza a sonar y los juguetes se ponen a bailar.

3. Andy para la música sin avisar. Los juguetes deben quedarse quietos, como hacen cuando entra un humano en la habitación.

4. Si Andy ve moverse a alguien tras parar la música, este queda eliminado.

5. El juego sigue hasta que queda un solo juguete, y este es el ganador.

DISNEY

¿Quién soy?

Hay cientos de personajes de Disney, y puedes elegir a tus favoritos para este juego de adivinanza. Se puede jugar en cualquier lugar: en casa, en el coche o en el campo.

Necesitarás:

- Papel autoadhesivo
- Bolígrafos

¡A JUGAR!

1. Cada jugador escribe el nombre de un personaje de Disney en un papel adhesivo: Bambi, por ejemplo.

2. Pega un nombre en la frente de cada jugador, procurando que nadie vea el que lleva en la suya.

3. Los jugadores se turnan haciendo preguntas para averiguar quién son. Estas deben poder responderse con «sí» o «no». Por ejemplo: «¿Soy humano?».

4. Cada pregunta supone un punto para el que pregunta. El juego termina cuando todos han adivinado su personaje. Gana quien tenga menos puntos.

EL LIBRO DE LA SELVA

Desenredo

Mowgli descubre que hay muchos peligros en la selva: bestias feroces, ruinas y hasta plantas con las que uno puede tropezar. A ver si puedes escapar de las lianas en este juego para fiestas.

Necesitarás:

- Cintas de papel crepe (de distinto color para cada equipo)

¡A JUGAR!

1. Agrupa a los jugadores por equipos.

2. Cada equipo lía una cinta alrededor de un jugador, de la cabeza a los pies, con cuidado de que no se rompa el papel, y evitando tapar la nariz o la boca.

3. Una vez enredado en las lianas un jugador de cada equipo, puede comenzar el juego.

4. El objetivo del juego es rescatar al compañero de equipo desenredando el papel lo más rápido posible, sin romperlo.

5. El equipo que tenga al final la cinta más intacta será el ganador.

Juego de memoria

Los recuerdos más vívidos de Riley son de su familia y amigos. Estos recuerdos son muy importantes, pues Riley no sería la misma sin ellos. Pon tu memoria a prueba con este reto.

Necesitarás:

- Cartulina (blanca y de color)
- Pegamento (opcional) y tijeras
- Bolígrafos o lápices de colores

¿SABÍAS QUE...?

En la memoria a largo plazo de Riley hay más de 17 000 millones de estantes y espacio para 1,2 billones de recuerdos.

Diseña las cartas

Necesitarás un número par de cartas, con dos de cada imagen.

Puedes pegar un papel estampado en el dorso de las cartas.

1 Recorta rectángulos de cartulina de idéntico tamaño.

2 Haz tus propios dibujos. Asegúrate de hacer dos de cada uno.

3 Decora el dorso de las cartas. Todas deben parecer iguales.

Puedes dibujar personajes, objetos, símbolos o palabras.

¡A JUGAR!

Baraja las cartas y colócalas en hileras, boca abajo. Pon dos cartas al azar boca arriba. Si se corresponden, quédatelas. Si no, ponlas boca abajo de nuevo. Intenta recordar cuáles eran y dónde estaban, prestando atención también cuando jueguen los demás. El juego acaba en el momento en que se han emparejado todas las cartas, y gana el jugador que tenga más cartas.

Tiro con arco

¿Cuán indomable eres? Saca la Mérida que llevas dentro y celebra tus propios juegos de las Tierras Altas con una prueba de tiro con arco. Esta versión es fácil de hacer y es un gran juego por equipos. ¡Prueba tu puntería!

Necesitarás:

- Palitos de helado
- Cuenco de agua
- Aguja
- Rollo de cinta grande
- Rotuladores
- Hilo dental
- Palillos
- Cola blanca
- Bolas de algodón
- Caja redonda con tapa
- Pincel y pintura
- Papel de color (opcional)
- Tijeras
- Hilo grueso
- Tinta (opcional)
- Cubierta protectora

Prepara el arco

Podéis hacer un solo arco que compartáis todos, o cada arquero puede hacer su propio arco personalizado.

1 Remoja los palitos de helado en agua durante al menos 30 minutos.

2 Pide a un adulto que perfore ambos extremos de los palitos con una aguja.

3 Introduce los palitos en un rollo de cinta grande, doblándolos poco a poco, para curvarlos.

4 Deja secar los palitos dentro del rollo al menos una hora.

5 Decora los arcos con pintura o rotuladores.

6 Haz un nudo en el extremo de un trozo de hilo dental y pásalo por uno de los agujeros del palito.

7 Da varias vueltas al palito con el hilo dental pasando este por el agujero.

8 Una vez asegurado, tira del hilo dental para tensarlo y pásalo por el agujero del otro extremo del palito.

9 Da varias vueltas al palito con el hilo dental pasando este por el agujero, y anúdalo.

Prepara las flechas

Los bastoncillos para los oídos funcionan bien como flechas, pero los palillos de madera son menos dañinos para el medio ambiente.

1 Con unas tijeras, corta con cuidado los extremos agudos del palillo.

2 Aplica pegamento a un extremo.

3 Envuelve ese extremo con un pedacito de algodón.

4 Redondea el extremo de algodón con los dedos.

PRUEBA ESTO
En un torneo entre clanes, cada equipo puede elegir un nombre y unos colores propios. Crea un marcador para registrar los puntos.

Pinta la diana

La diana del tiro con arco es circular, con anillos de colores y un blanco central. Cuanto mayor sea la diana, más fácil será el juego.

1. Pinta de blanco la tapa de una caja de cartón circular.

2. Pinta anillos de colores, o pega anillos de papel de color.

3. Pide a un adulto que haga dos agujeros en el borde de la caja con una aguja.

4. Pasa hilo por los agujeros para poder colgar la diana.

5. Haz un nudo en cada extremo del hilo para fijarlo.

6. Cubre la caja con su tapa y cuélgala.

¡A JUGAR!

Entrega a cada jugador pintura o tinta del color de su clan. Antes de cada disparo, se moja la flecha en la pintura o la tinta para que deje una marca en la diana. No olvides proteger el suelo con algo para no mancharlo. El jugador que deje su marca más cerca del centro será el ganador.

Da muchas vueltas de hilo dental para que quede bien fijo.

¡Ponte a prueba!

Hay muchos mundos mágicos llenos de datos fantásticos en las películas de Disney•Pixar. Pon a prueba lo que sabes sobre ellos con este cuestionario, en el que hay desde dálmatas y dragones hasta coches parlantes y elefantes voladores. ¡Suerte!

Definitivamente Disney

Responde a estas preguntas sobre clásicos de Disney, desde *101 dálmatas* y *Bambi* hasta *Hércules* y *Peter Pan*.

El libro de la selva

1 ¿Qué le pide que le enseñe el Rey Louie a Mowgli?

A: A cantar
B: A hacer fuego
C: A hacer amigos

Bambi

2 ¿Qué fue lo primero que dijo Bambi?

A: Pájaro
B: Mamá
C: Mariposa

El libro de la selva

3 ¿Quién hipnotiza a Mowgli con la mirada?

A: Baloo
B: Kaa
C: Bagheera

Grandes héroes

4 ¿Cómo se llama el hermano de Hiro?

A: GoGo
B: Baymax
C: Tadashi

Dumbo

5 ¿Qué usa Dumbo para volar?

A: La trompa
B: La cola
C: Las orejas

101 dálmatas

6 ¿Qué animal es el sargento Tibbs?

A: Un caballo
B: Un perro
C: Un gato

Aladdín

7 ¿Qué nombre recibe Aladdín cuando se convierte en príncipe?

A: Alí Ambibi
B: Alí Ababwa
C: Alí Abubu

Alicia en el país de las maravillas

8 ¿Cómo se llama la gata de Alicia?

A: Dina
B: Mary
C: Kitty

El rey león

9 ¿Cuál de los siguientes NO es un secuaz de la hiena Scar?

A: Shenzi
B: Ed
C: Kevin

Los aristogatos

10 ¿Qué gato arrabalero ayuda a Duquesa y sus gatitos a llegar a casa?

A: Thomas O'Malley
B: Edgar Balthazar
C: Frou-Frou

Merlín el encantador

11 ¿Quién logra sacar Excálibur de la piedra?

A: Héctor
B: Arturo
C: Kay

Pinocho

12 Antes de convertirse en un niño de verdad, ¿qué es Pinocho?

A: Un muñeco
B: Una estatua
C: Un títere

Hércules

13 ¿Quién entrena a Hércules para ser un héroe?

A: Phil
B: James
C: Tom

Fantasía

14 ¿Qué objeto encanta Mickey para llevar agua?

A: Una papelera
B: Una escoba
C: Una esponja

Peter Pan

15 ¿Quién de estos NO es uno de los niños perdidos?

A: Osezno
B: Señor Smee
C: Zorrillo

Perfectamente Pixar

¿Distingues a Luigi de Linguini? Comprueba hasta dónde llegan tus conocimientos de Pixar con este cuestionario.

Los Increíbles

1 ¿Cuál es el superpoder de Helen Parr?
A: Volverse invisible
B: Estirarse hasta adoptar cualquier forma
C: Supervelocidad para correr

Coco

2 ¿Qué está prohibido en la casa de Miguel Rivera?
A: La música
B: La lectura
C: La pintura

Cars

3 ¿Quién es el mejor amigo de Rayo McQueen?
A: Holley Shiftwell
B: Doc Hudson
C: Mate

Buscando a Nemo

4 ¿Quién ayuda a Nemo a navegar por la peligrosa Corriente de Australia Oriental?

A: Crush | **B:** Bruce | **C:** Gill

Buscando a Dory

5 ¿Qué pulpo tiene siete tentáculos en vez de ocho?
A: Hank
B: Larry
C: Bill

Toy Story

6 ¿Qué hay escrito en la suela de la bota de Woody?
A: Woody
B: Andy
C: Jessie

Al revés

7 ¿De qué color son los recuerdos que dan miedo a Riley?
A: Morado
B: Rojo
C: Amarillo

Ratatouille

8 ¿Quién inspira a Remy el deseo de cocinar?

A: Alfredo Linguini | **B:** Auguste Gusteau | **C:** Anton Ego

Toy Story

9 ¿Cómo se llama el vecino de pesadilla de Andy?
A: Sid
B: Ned
C: Seth

Indomable

10 ¿Cuántos hermanos tiene Mérida?
A: Uno
B: Dos
C: Tres

Monstruos, S.A.

11 ¿Qué atraviesan los monstruos asustadores para abastecerse de gritos de niños?
A: Ventanas
B: Portales
C: Puertas

Up

12 ¿Quién es el explorador intrépido que viaja con Carl?
A: Russell
B: Eddy
C: John

El viaje de Arlo

13 ¿En qué lugar conoce el *Apatosaurus* Arlo a Spot?
A: En una cueva
B: Junto a un río
C: En su granja

Cars

14 ¿A qué coche le encanta repintar otros coches?

A: A Flo | **B:** A Luigi | **C:** A Ramón

Bichos, una aventura en miniatura

15 ¿Qué saltamontes aterroriza a una colonia de hormigas?
A: Hopper
B: Cruncher
C: Banger

Adornos de Mickey

Mickey Mouse es querido en el mundo entero. ¡Es tan famoso que basta la forma de sus orejas para reconocerlo! Estas llamativas bolas de hilo recrean el rasgo más notorio de Mickey.

Necesitarás:

- 3 globos pequeños
- Cordel de colores
- Tijeras
- Cola blanca
- Agua
- Cuenco
- Cuchara
- Periódico
- Purpurina
- Pinzas
- Alfiler
- Cinta delgada

Prepara los globos

La forma de la cabeza y las orejas de Mickey se construyen sobre la base de tres globos, que luego se pinchan y retiran.

1 Hincha un globo hasta el tamaño aproximado de un puño. Esta será la cabeza de Mickey.

2 Hincha otros dos globos hasta un tamaño menor para hacer las orejas.

3 Cierra los globos y átales un hilo. Este hilo servirá para sostener el globo al cubrirlo de cola.

Prepara el cordel

El cordel se baña con una simple mezcla de cola y agua para que se pegue al globo y quede rígido al secarse.

Deja huecos lo bastante grandes para sacar el globo.

1 Corta el cordel en trozos de unos 50 cm de largo.

2 En un cuenco, mezcla partes iguales de cola blanca y agua.

3 Mete un trozo de cordel en la mezcla de cola empapándolo por completo.

4 Envuelve el globo con cordel mojado en un patrón cruzado; repite esta operación hasta cubrir de cordel los tres globos.

Para terminar

Una vez cubiertos de cordel los globos, puedes añadirles purpurina, y después unir los tres.

1 Con el cordel aún húmedo, sujeta el globo sobre un periódico y espolvoréalo con purpurina

El periódico recoge la purpurina sobrante.

2 Añade purpurina a los otros globos del mismo modo.

3 Pon los globos a secar toda la noche. Coloca periódicos debajo por si gotean.

4 Una vez secos, presiona delicadamente con unas pinzas a través de los huecos para separar el globo del cordel.

5 Con cuidado, pincha el globo con un alfiler.

6 Retira con cuidado el globo con unas pinzas. Tira los jirones.

Encola una parte de cada oreja y pégala a la cabeza.

7 Une las tres bolas con cola.

8 Ata una cinta a la bola grande y cuelga tu adorno de Mickey.

Ata la cinta de modo que el adorno cuelgue en la posición correcta.

Estos adornos miden unos 15 cm de ancho.

¿SABÍAS QUE...?

El cumpleaños de Mickey Mouse es el 18 de noviembre, el día que apareció por primera vez en una tira cómica en 1928.

VAIANA

Relatos en piedra

En Motunui, hogar de Vaiana, las historias son muy importantes. Los isleños cuentan las de sus mayores para recordar quiénes son y de dónde vienen. Cuenta tus propios relatos con estas piedras.

Necesitarás:

- Piedras
- Pintura acrílica
- Pincel
- Cola blanca
- Bolsa u otro recipiente

¿SABÍAS QUE...?
Contra las normas de su padre, Vaiana navega más allá del arrecife de su isla.

Adorna tus propias piedras

Estas piedras cuentan las aventuras de Vaiana. ¡Pinta imágenes para contar tu propia historia!

Las piedras planas son más fáciles de pintar.

1 Las piedras deben estar limpias y secas.

2 Pinta imágenes sobre las piedras con pintura acrílica y luego déjalas secar.

3 Barniza las piedras con cola blanca. Déjalas secar, ¡y tu relato puede comenzar!

¡A JUGAR!

Escoge una piedra de la bolsa y comienza una historia basada en la imagen. Toma otra piedra y continúa la historia. Una misma persona puede contar toda la historia, o se puede ir pasando la bolsa para hacerlo entre varios.

CONSEJO
Usa un palillo, o el extremo del pincel, para añadir detalles a las piedras.

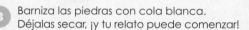
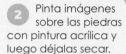

Flor tropical

Anzuelo mágico de Maui

Isla del Pacífico

Raya roja

Pirata kakamora

Corazón de Te Fiti

Barco de Vaiana

Gallo Heihei

Arte con botones

Marie, de *Los aristogatos*, es mona como un botoncito, sobre todo si la retratas con botones. Con ellos puedes crear hermosas imágenes de Marie o de cualquier otro personaje que te guste.

Necesitarás:

- Papel blanco
- Lápiz
- Tijeras
- Botones
- Fieltro
- Cola blanca
- Cartulina de color

¿SABÍAS QUE...?

Marie es una gatita de angora blanca. Vive en Francia con su madre, Duquesa, y sus dos hermanos.

Haz arte con botones

Escoge la imagen de un personaje para hacerla con botones. El lazo rosa de Marie contrasta muy bien con su pelaje blanco.

Silueta de un solo color

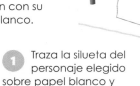

1 Traza la silueta del personaje elegido sobre papel blanco y recórtala.

Un botón grande es perfecto para el centro del lazo.

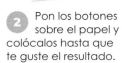

2 Pon los botones sobre el papel y colócalos hasta que te guste el resultado.

3 Pega cada botón. Si te resulta muy difícil pegarlos sobre el papel, pégalos primero sobre piezas de fieltro.

Las orejas y la nariz rosadas de Marie son un buen contraste.

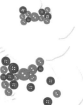

4 Recorta formas de fieltro como contraste y pégalas al papel.

5 Pega la imagen sobre una cartulina de color. Una vez seca, puedes enmarcarla.

Botones superpuestos para mayor efecto.

Fuegos artificiales

Cuando Mulán derrota al líder de los hunos, incendia una torre llena de fuegos artificiales, y toda la Ciudad Imperial observa un espectáculo deslumbrante. ¡Recréalo tú con pintura!

Necesitarás:

- Papel usado
- Papel negro o azul oscuro
- Pajita de plástico reutilizable
- Pintura de varios colores

- Pincel
- Purpurina (opcional)
- Papel rojo (opcional)
- Pegamento (opcional)

Ilumina tu imagen

Esta técnica pictórica consiste en soplar sobre la pintura con una pajita para crear formas únicas.

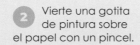

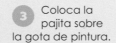

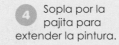

1 Practica primero soplando pintura sobre papel usado. Si la pintura está demasiado espesa, añade agua.

2 Vierte una gotita de pintura sobre el papel con un pincel.

3 Coloca la pajita sobre la gota de pintura.

4 Sopla por la pajita para extender la pintura.

5 Experimenta con diferentes maneras de soplar sobre el papel usado. Los soplidos cortos y secos suelen ser idóneos para hacer formas de fuegos.

Puedes añadir purpurina sobre los fuegos.

6 Lava bien la pajita antes de cambiar de color de pintura.

7 Una vez satisfecho con las formas obtenidas, repite el proceso en el soporte definitivo.

8 Repite las veces que quieras, utilizando pintura de distintos colores.

9 Puedes recortar siluetas de papel, como la del Palacio Imperial, y pegarlas en primer plano en tu imagen.

¿SABÍAS QUE...?

Los fuegos artificiales se inventaron en China.

PRUEBA ESTO

¿Por qué no crear una imagen de este tipo para celebrar el Año Nuevo chino?

Papel picado

Miguel Rivera y su familia adornan su casa para la fiesta del Día de los Muertos. Inspírate en la técnica tradicional mexicana del papel picado para hacer estos coloridos banderines.

Necesitarás:

- Hojas de papel de colores vivos
- Regla
- Lápiz
- Tijeras
- Cordel
- Cinta de doble cara

Diseños propios

Al doblar el papel por la mitad antes de recortarlo crearás diseños simétricos.

Usa una regla para lograr un pliegue regular.

1. Dobla 1 cm aproximado de un borde largo del papel.

2. Dobla el papel por la mitad. Haz tu dibujo a lápiz sobre una de las mitades.

Recuerda que tu diseño aparecerá invertido en la otra mitad del papel.

3. Recorta las formas y luego desdobla el papel.

4. Pega el cordel en el pliegue por el dorso del papel con cinta de doble cara. Dobla el borde superior sobre la cinta.

El cordel quedará oculto bajo el pliegue.

Letras personalizadas

¡Transforma tu habitación con un toque de magia de princesa Disney! Compón tu nombre con letras de cartón y adórnalas para darles más encanto.

Haz tus letras

En cada una de estas letras se ha representado una princesa diferente, pero tú puedes escoger la que quieras. Estos pasos emplean letras en 3D, pero también puedes recortar letras en cartulina plana.

Necesitarás:

- Letras de cartón en 3D
- Papel
- Lápices o bolígrafos de colores
- Tijeras
- Pegamento o cinta de doble cara
- Papel de color
- Fieltro, lentejuelas, joyas (opcional)
- Pintura y pincel

1 Esboza tus diseños sobre papel. Piensa en la ropa, los rasgos o los complementos que mejor representen al personaje elegido.

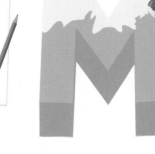

2 Pinta cada letra con un color de fondo, o pega sobre ellas papel de color con pegamento o cinta de doble cara.

Mulán

Mangas distintivas

Blancanieves

Flor del bosque

Aurora

PRUEBA ESTO

¿Por qué no compones tu nombre con letras adornadas y las pegas en la puerta de tu cuarto?

Un fondo verde hace juego con las mangas de Mulán.

Los trozos de papel de color recrean el aspecto de Mulán.

3 Si has pintado las letras, espera a que se sequen. Usa las letras de cartón como patrón para el tamaño de cada pieza de tu diseño. Dibuja las formas sobre papel de color.

4 Recorta con cuidado las formas y pégalas sobre las letras con pegamento o cinta de doble cara.

Puedes añadir detalles extra como adornos de fieltro, joyas o lentejuelas.

Collar turquesa

Diadema con zafiro

Ropa con flecos

Pocahontas

Ariel

Jasmín

87

Peces de huellas

Nemo quiere explorar el mar más allá de su hogar en la Gran Barrera de Coral, pero su padre quiere que permanezca a salvo en casa. Evoca el océano con esta técnica de pintura.

Necesitarás:

- Pintura lavable, no tóxica
- Pincel grueso
- Pincel fino
- Papel blanco
- Rotulador negro
- Tijeras
- Cola blanca
- Ojo saltón
- Cartulina o gomaespuma

Imprime con la mano

Trabaja rápido cuando pintes sobre la mano para completar el dibujo antes de que se seque.

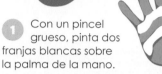
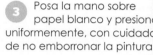
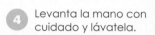

1 Con un pincel grueso, pinta dos franjas blancas sobre la palma de la mano.

2 Pinta el resto de la palma de naranja evitando las franjas blancas, a imitación de un pez payaso.

3 Posa la mano sobre papel blanco y presiona uniformemente, con cuidado de no emborronar la pintura.

4 Levanta la mano con cuidado y lávatela.

PRUEBA ESTO

Haz dos peces: uno podría ser Nemo y el otro, su padre, Marlin, que tratan de reunirse.

5 Una vez seca la pintura, recorta la forma de la mano.

6 Añade detalles con un rotulador negro o con un pincel fino y pintura negra.

7 Pega un ojo saltón.

8 Prepara un hogar para tu pez pintando una hoja de cartulina o gomaespuma. Puedes añadir detalles como plantas submarinas o burbujas.

9 Pega el pez sobre la hoja pintada.

¿SABÍAS QUE...?

Hay más de 25 especies distintas de pez payaso repartidas por los mares del mundo.

Puedes adornar el fondo con conchas de verdad.

Vidrieras

Quasimodo vive en Notre Dame, la gran catedral de París, de ahí su apodo. Inspírate en las increíbles vidrieras de esta iglesia para crear las tuyas.

Necesitarás:

- Papel negro
- Lápiz blanco
- Regla (opcional)
- Tijeras
- Celofán de colores
- Pegamento de barra

Diseña tu vidriera

Las vidrieras tradicionales tenían un armazón de plomo. Con papel negro lograrás el mismo efecto.

Los diseños de las vidrieras suelen ser simétricos.

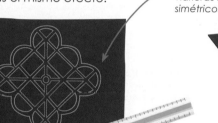

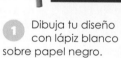

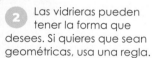

1 Dibuja tu diseño con lápiz blanco sobre papel negro.

2 Las vidrieras pueden tener la forma que desees. Si quieres que sean geométricas, usa una regla.

3 Recorta con cuidado las formas dibujadas. Pide a un adulto que te ayude con las secciones interiores más pequeñas.

Añade vidrios de colores

El celofán de colores es lo bastante transparente para filtrar la luz. Sobre una ventana soleada relucirá como el vidrio coloreado.

Puedes poner celofán de un solo color en cada hueco, o solapar trozos de colores diferentes para que estos se fundan.

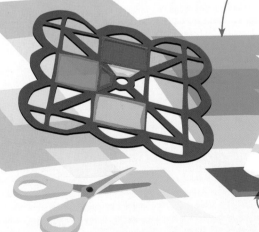

Pon pegamento en los bordes del celofán.

CONSEJO
Procura que las líneas del armazón sean gruesas para que el conjunto sea estable.

1 Recorta trozos de celofán de colores vivos.

2 Utiliza pegamento de barra para pegar el celofán sobre los huecos en el dorso del papel negro.

Para lograr un efecto más intenso, apaga las luces y proyecta la luz de una linterna a través de la vidriera.

Puedes disponer bandas de celofán para crear un patrón repetitivo.

¿SABÍAS QUE...?
Notre Dame es realmente la catedral de París, de época medieval.

¡Hágase la luz!

Al igual que las vidrieras de la catedral de Notre Dame de París, tus diseños crearán coloridos efectos luminosos al filtrar la luz.

Arte pixelado

Los bloques de color llamados píxeles componen las imágenes de ordenador y videojuegos. Convierte tus dibujos en imágenes pixeladas con la ayuda de esta estrella de los videojuegos.

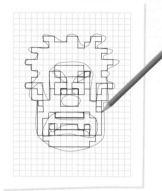

A pixelar

Es fácil convertir una imagen en píxeles con papel cuadriculado. Sigue estos sencillos pasos.

Necesitarás:

- Papel cuadriculado
- Lápiz
- Goma
- Rotuladores o ceras

1 Dibuja la imagen a lápiz sobre papel cuadriculado ignorando las líneas y sin apretar, pues después tendrás que borrar.

2 Rehaz el dibujo adaptando los trazos a las líneas más próximas de la cuadrícula.

CONSEJO

Te puede resultar más fácil copiar el diseño mostrado aquí contando los cuadrados de cada color.

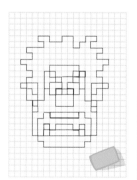

3 Una vez satisfecho con el nuevo dibujo, borra los trazos originales.

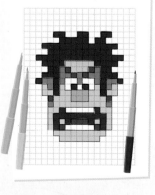

4 Colorea la imagen rellenando cuadrados enteros.

5 Colorea el fondo ciñéndote a los cuadrados.

Usa como referente de escala la pupila de Ralph, que ocupa un cuadrado.

¿SABÍAS QUE...?

Ralph lo destruye todo, pero quiere ser aceptado como una buena persona.

Tarjetas *pop up*

Adorna tus tarjetas con estos elegantes vestidos de baile. Es fácil hacer tarjetas *pop up* con esta técnica, y pronto tendrás princesas en 3D saliendo de tus tarjetas de felicitación.

Necesitarás:

- Papel de calco
- Cartulina de color
- Lápiz
- Tijeras
- Pegamento de barra
- Cinta de doble cara

Viste tus tarjetas

Estas faldas 3D se hacen cortando y pegando juntas varias faldas.

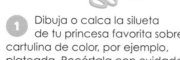

1 Dibuja o calca la silueta de tu princesa favorita sobre cartulina de color, por ejemplo, plateada. Recórtala con cuidado.

Cartulina del color del vestido de la princesa

2 Usando la silueta como patrón, dibuja solamente el vestido sobre cartulina de otro color. Recórtalo.

3 Copia la parte de la falda cuatro veces sobre la cartulina del color del vestido. Recorta las cuatro piezas.

Puedes recortar el borde de la tarjeta para darle un toque decorativo.

La silueta de la princesa queda mejor con la cabeza de perfil.

Tiana

La bella durmiente

4 Dobla todas las piezas por la mitad. Usa la pieza de la silueta como guía para las otras piezas.

5 Pega la pieza del vestido a la silueta del cuerpo entero.

6 Con cinta de doble cara, une las piezas de la falda entre sí por el pliegue interior.

7 Pega las piezas de la falda al vestido haciendo coincidir los pliegues.

Los rectángulos espacian regularmente las piezas de la falda.

8 Corta nueve pequeños rectángulos de cartulina y dóblalos en cuatro secciones iguales.

9 Pega un rectángulo en cada pliegue de la falda.

10 Dobla por la mitad un rectángulo de cartulina tamaño tarjeta. Puedes decorarlo si quieres.

11 Pega la princesa en la tarjeta, haciendo coincidir los pliegues.

CONSEJO
Utiliza la pieza del vestido como patrón para dibujar las cuatro faldas.

Bella

Cenicienta

97

Arte abstracto

Alegría, Tristeza y Bing Bong pasan por el pensamiento abstracto, una zona de la mente de Riley donde los objetos (¡y los personajes!) se transforman en formas simples. Simplifica tus dibujos con estas dos técnicas de arte abstracto.

Necesitarás:

- Cartulina o papel de distintos colores
- Bolígrafos o lápices
- Tijeras
- Pegamento

Crea un collage

Alegría, Tristeza y Bing Bong se convierten en una colección de formas planas de colores. Puedes simplificar cualquier objeto en 3D descomponiéndolo en sus formas básicas, y el collage es un sencillo medio para lograr este efecto.

El pelo de Alegría se convierte en un triángulo.

Cada personaje se compone de diversas formas.

1 Usa lápices o bolígrafos de colores para dibujar las formas simples que necesitarás.

2 Recorta todas las formas.

3 Pega las formas sobre el fondo elegido. Conviene colocarlas en su lugar antes de pegarlas.

Máxima sencillez

Al pasar más tiempo en el pensamiento abstracto, Alegría, Tristeza y Bing Bong se convierten en formas únicas. Trata de hacer lo mismo con tus objetos.

La forma de la trompa y el color rosa de Bing Bong se reconocen al instante.

1 Dibuja las formas sobre papel de color y recórtalas.

2 Dispón las formas sobre un fondo, componiendo una escena con los personajes u objetos reducidos a formas únicas.

¿SABÍAS QUE...?

Bing Bong es un amigo imaginario que Riley creó de pequeña. Es en parte gato, elefante y delfín, ¡y está hecho de algodón de azúcar!

PRUEBA ESTO

Trata de representar a tu familia y amigos como formas simples.

Colección de formas
Alegría, Tristeza y Bing Bong intentan alcanzar la puerta, que parece alejarse flotando.

Imagen deslizante

Carl Fredricksen usa 10 000 globos para convertir su casa en una máquina voladora. Prueba tu destreza con esta osada técnica de ingeniería en papel y deja volar tu imaginación.

Necesitarás:

- Papel liso
- 2 hojas de cartulina gruesa
- Lápiz y bolígrafos o lápices de colores
- Tijeras y cúter
- 2 monedas de poco valor
- Cinta de gomaespuma de doble cara

Pinta las imágenes

¿A qué parte del mundo te gustaría viajar? Puedes usar paisajes de lugares que te gustaría visitar para crear tu propio libro de aventuras, como hace Carl Fredricksen.

Puedes usar imágenes de revistas para crear tu escena.

1 Dibuja una casa sustentada por globos sobre papel y recórtala.

2 Dibuja o haz un collage para el fondo de la imagen sobre una de las hojas de cartulina.

Construye el mecanismo

La casa voladora recorre un surco recortado en la capa de cartulina superior. La sostienen dos monedas unidas con gomaespuma.

1,5 cm

1 Dibuja un surco de 1,5 cm de ancho sobre la imagen de fondo.

2 Pide a un adulto que te ayude a recortar el surco con cúter o tijeras.

3 Con cinta de gomaespuma de doble cara, pega una moneda al dorso de los globos.

4 Corta un trozo extra de cinta de gomaespuma, algo menor del ancho del surco.

5 Pega la gomaespuma a una cara de la moneda.

6 Coloca la cartulina sobre la imagen de los globos, con el trozo de gomaespuma en el surco.

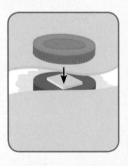

7 Pega la segunda moneda a la gomaespuma.

8 Comprueba que la gomaespuma se mueve bien por el surco. Recórtala si es necesario.

Añade el panel trasero

Oculta el mecanismo de tu imagen añadiendo la segunda hoja de cartulina como panel trasero. Esto la hará también más estable.

1 Pega gomaespuma de doble cara a lo largo de los bordes del dorso de la cartulina.

2 Pega el panel trasero sobre la cartulina original.

CONSEJO
Usa cartulina gruesa, pues debe resistir el deslizamiento constante y el peso de las monedas.

La casa voladora se desliza arriba y abajo.

En su libro de aventuras, Carl colecciona fotos de los lugares que quiere visitar.

¿SABÍAS QUE...?

Russell, de seis años, emprende por accidente la aventura de la casa voladora con Carl Fredricksen, de 78 años.

Globos con caras

Hay mucho que celebrar cuando Nick y Judy resuelven el mayor misterio de Zootrópolis. Añade magia animal a tu propia celebración con estos llamativos globos.

Necesitarás:

- Papel de calco
- Papel
- Lápiz y bolígrafos o lápices de colores
- Tijeras
- Globo
- Pegamento de barra
- Cinta
- Cinta adhesiva

Clawhauser

Decora un globo

Estas instrucciones son para Dawn Bellwether, de la que hallarás un patrón al final de este libro. También puedes inspirarte en los muchos personajes de Zootrópolis y diseñar tus propias caras siguiendo estos mismos pasos.

Dawn Bellwether

1 Copia el patrón de la p. 193 sobre papel de calco.

2 Copia las formas sobre papel y recórtalas.

3 Colorea los rasgos faciales y añade los detalles.

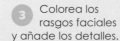

4 Hincha y ata un globo.

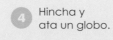

5 Pega los rasgos faciales en el globo con pegamento.

6 Usa cinta adhesiva para añadir las orejas, ¡y tu globo está listo!

Escoge un globo del color del pelaje de tu personaje.

Nick Wilde

Judy Hopps

CONSEJO
Una pestaña
doblada y pegada
al globo tras las
orejas mantiene
estas erguidas.

Los párpados
caídos reflejan
la lentitud de
Flash.

Flash

¿SABÍAS
QUE...?
La vicealcaldesa
Bellwether no solo tiene
su propio pelaje lanudo:
todas las prendas que
viste son de lana.

Figuras de cartón

Da una nueva vida al cartón viejo con este proyecto artístico. Combina formas simples para hacer tus propias figuras desmontables de Mickey y Daisy.

Necesitarás:

- Papel de calco
- Lápiz
- Cartón ondulado
- Tijeras
- Pintura acrílica
- Rotuladores

Preparación

Ten cuidado al copiar el patrón, sobre todo las ranuras. Si las piezas no salen rectas, el resultado final puede ser inestable.

1 Calca los patrones de las pp. 194–195 en papel de calco.

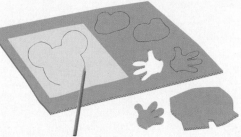

2 Copia las formas sobre cartón y recórtalas.

3 Corta por las líneas para abrir ranuras en las piezas.

Añade color

Una vez recortadas todas las piezas, es el momento de decorarlas.

1 Pinta todas las piezas. La pintura acrílica cubre bien el cartón.

2 Añade detalles a las caras. Puedes usar pintura o rotuladores.

Puedes usar pintura blanca para añadir los botones de los pantalones de Mickey.

3 Deja secar las piezas.

4 Une las piezas por las ranuras para construir tu figura.

Daisy

Estas son las piezas necesarias para Daisy. ¡No olvides hacer dos pies y dos manos!

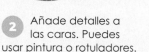

PRUEBA ESTO

¡Reta a tus amigos a montar las figuras con los ojos vendados!

¿SABÍAS QUE...?
Daisy y su mejor amiga Minnie tienen una tienda de lazos.

Las piezas encajan formando un ángulo recto.

Corta recta la parte inferior de los pies para que las piezas se mantengan en pie.

ACTIVIDADES

Trolls vegetales

Haz crecer una cabellera de hierba en la cabeza de tus propios trolls de *Frozen*. Estos entrometidos se preocupan mucho por Kristoff y Ana, y ahora te toca a ti cuidar de ellos. ¡Riégalos cada día y verás cómo cobran vida!

Necesitarás:

- Tijeras
- Gomaespuma
- Fieltro
- Cuentas de colores
- Hilo de algodón negro
- Un par de medias viejas
- Cintas elásticas pequeñas
- Plato
- 300 g de sustrato por troll
- Semillas de césped
- Pegamento
- Ojos saltones
- Rotulador negro permanente

Prepara el troll

Recorta brazos, orejas y pies en gomaespuma marrón, y cejas, una capa y un collar en fieltro verde.

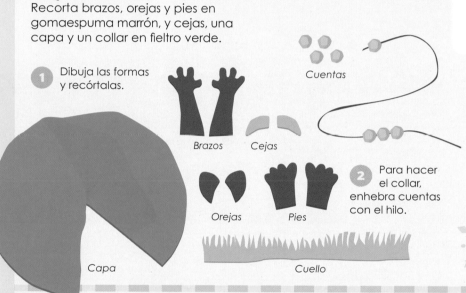

1 Dibuja las formas y recórtalas.

Cuentas

Brazos　*Cejas*

Orejas　*Pies*

Capa

Cuello

2 Para hacer el collar, enhebra cuentas con el hilo.

Dale forma al cuerpo

Tu troll obtendrá su forma rechoncha una vez lleno de sustrato.

1 Corta un trozo de media según la altura que quieras dar al troll, añadiendo algo de longitud extra.

2 Vierte dentro el sustrato, empujándolo hacia el fondo de la media.

3 Cierra la media por arriba con una goma elástica holgada.

4 Separa el cuerpo de la cabeza con una goma elástica.

5 Extrae una nariz de la cabeza y sujétala con otra goma.

6 Reabre la media por arriba, añade una cucharadita de semillas de césped y vuelve a cerrarla.

Semillas de césped

Añade los detalles

Ahora es el momento de personalizar al troll. Al pegar los detalles, mantén el fieltro apretado hasta que se haya secado el pegamento.

Cejas

Orejas

Ojos

Brazos

Pies

1 Añade una sonrisa y pestañas con un rotulador negro.

2 Pega todas las piezas de fieltro y los ojos saltones.

3 Ata al cuello el collar de cuentas.

4 Envuelve al troll en su capa, pegando los lados para que no sobresalgan.

5 Pega el cuello en su lugar por encima de la capa y déjalo secar.

6 Pon el troll sobre un plato en un lugar soleado y riégalo un poco cada día. El cabello debería brotar al cabo de unos cuatro días.

Hazle un corte de pelo llamativo. ¿Qué tal una cresta?

CONSEJO
Si no tienes sustrato o semillas de césped, prueba con bolas de algodón y semillas de berro de jardín.

Evita poner semillas en la zona de la cara, ¡si no quieres un troll con barba!

Añade decoración extra, como este cinto de hilo atado con un simple nudo.

Sombra chinesca

El dragón Mushu conoce el poder de su sombra. Cuando se muestra a Mulán, la usa para parecer mucho más grande y fiero de lo que es. ¡Es el personaje perfecto para una sombra chinesca!

Necesitarás:

- Papel de calco
- Lápiz
- Tijeras
- Cartulina roja
- Perforadora
- Gancho mariposa
- Palitos de madera
- Cinta adhesiva
- Una fuente de luz (linterna o lámpara)

Prepara el títere

Contar historias por medio de sombras es una antigua tradición. Una vez hecho Mushu, podrás representar todas las funciones que desees.

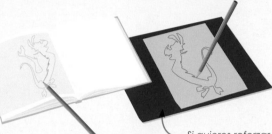

Si quieres reforzar el títere, pega capas extra de cartulina a las piezas.

1 Calca los patrones de la p. 198 y cópialos en cartulina roja. Recorta con cuidado las piezas.

2 Con la perforadora, haz un solo agujero en el extremo de cada brazo y entre los hombros, en el tronco.

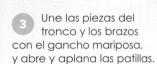

Al mover los palitos, el títere realiza distintos movimientos.

3 Une las piezas del tronco y los brazos con el gancho mariposa, y abre y aplana las patillas.

4 Pega los palitos de madera en ambas manos con cinta adhesiva.

El gancho mariposa permite el movimiento independiente de los brazos.

Experimenta con las distancias del títere y la fuente de luz respecto a la pared.

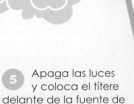

5 Apaga las luces y coloca el títere delante de la fuente de luz para proyectar su sombra sobre la pared.

6 Practica la manipulación del títere con los palitos, ¡y estarás listo para actuar!

Unos palitos finos proyectarán menos sombra, dando más protagonismo a Mushu.

Puedes crear un escenario con siluetas para tu espectáculo.

¿SABÍAS QUE...?
Mushu fue un espíritu guardián de la familia de Mulán, pero perdió ese honor. Al ayudar a Mulán, recupera su puesto.

Caza de tesoros

En esta caza de tesoros puedes recurrir a los personajes que más te gusten. Combina los conocimientos sobre Disney de tus amigos con su habilidad para buscar objetos contra reloj.

Necesitarás:

- Un área de juego con muchos objetos interesantes
- Papel
- Bolígrafos

¿SABÍAS QUE...?

En un relato de 1954, el Pato Donald ayuda a sus sobrinos Juanito, Jorgito y Jaimito a ganar en una caza del tesoro.

Escribe tus pistas

Confecciona una lista de pistas basada en lo que haya disponible. Aquí hay algunas sugerencias para empezar:

¡A JUGAR!

1. Escribe una lista de pistas para objetos que puedan encontrarse en el área de juego, como una casa o un parque. Las pistas pueden ser objetos o fotografías.

2. Se puede jugar individualmente o, si hay más de tres o cuatro jugadores, por equipos.

3. Cada equipo tiene la misma lista de pistas. El objetivo es encontrar el mayor número de objetos de la lista en el mínimo tiempo posible.

4. Hay varias maneras de jugar. El ganador puede ser el que encuentre más objetos de la lista en un tiempo determinado, o el primero que los encuentre todos.

5. También se pueden preparar las pistas de modo que cada una conduzca a otra, y por último a un premio escondido.

Pista: Un oso con poca sesera la comería todo el día, si pudiera.
Respuesta: Miel

Pista: Una hilera de estas guía a Dory hasta su hogar.
Respuesta: Conchas

Pista: La dama y el vagabundo comparten este tipo de pasta.
Respuesta: Espaguetis

Crea un club secreto

Cuando Mike y Sulley van a Monstruos University, ingresan en una fraternidad, que es como un club secreto. ¿Por qué no crear el tuyo, invitar a tus amigos a unirse a él y compartir secretos con ellos?

Necesitarás:

- Papel
- Rotuladores de colores

CONSEJO
Las fraternidades hacen mucho trabajo social. ¿Hay algo que pueda hacer tu club para ayudar a la gente?

Organiza el club

Mike y Sulley se unen a la fraternidad Oozma Kappa («OK»), cuyos colores son el verde y el amarillo. Puedes organizar un equipo para competir en tus propias sustolimpiadas.

Muchas fraternidades usan letras del alfabeto griego para sus nombres.

Normas:

1. Escoge un nombre para tu club.

2. Establece unas normas para el club, como llevar siempre ropa verde.

3. Diseña un logo y crea pines o banderines.

4. Haz tarjetas de socio para todos.

MONSTRUOS -UNIVERSITY-
MICHAEL

MONSTRUOS -UNIVERSITY-
JAMES P. SULLIVAN

¿SABÍAS QUE...?
Mike y Sulley van a estudiar a Monstruos University porque ambos quieren llegar a ser asustadores de Monstruos, S.A.

Bombas de baño

Crea tus propias bombas de baño efervescentes a la manera de las pociones de Úrsula. Y no te preocupes, no liberan magia: solo burbujas, fragancia y relajación.

Prepara tu poción

Para hacer tu poción no necesitas ingredientes del fondo del mar, tan solo artículos comunes en el hogar. Con esta receta obtendrás un lote de bombas de baño.

Usa ingredientes no agresivos para la piel. Evita el contacto con cara y ojos.

1 Mezcla el bitartrato y el bicarbonato en un cuenco. Puede ser conveniente usar guantes para manipular los ingredientes.

2 Usando dos cuencos, cuela el polvo varias veces para mezclarlo bien.

Necesitarás:

- 2 cuencos
- 80 g de bitartrato de potasio
- 360 g de bicarbonato
- 15–25 gotas de aceite esencial
- 10–15 gotas de tinte de jabón o colorante alimentario
- Un poco de agua

- Pulverizador
- Guantes (opcional)
- Bandeja de moldes
- Colador
- 1 cucharadita de aceite vegetal (opcional, para humedecer)
- Papel film

Aceite vegetal

Para darle humedad y efervescencia, añade aceite vegetal en esta fase.

Agua

Aceite esencial

Tinte de jabón o colorante alimentario

3 Añade 15–25 gotas de aceite esencial (según la concentración de la mezcla).

4 Añade 10–15 gotas de tinte de jabón o colorante alimentario (según el tono de color deseado).

5 Mezcla rápidamente la poción con las manos antes de que haga burbujas, pulverizando a la vez agua por encima de poco en poco. Deshaz los grumos.

6 Continúa hasta que la mezcla conserve la forma al estrujarla, pero aún sea un poco quebradiza.

Empieza a moldear

Los moldes de fantasía producen formas originales, pero también puedes usar moldes de magdalena.

Poniendo capas de distinto color en el molde se obtiene un efecto marmoleado.

Para proteger el molde, fórralo primero con papel film.

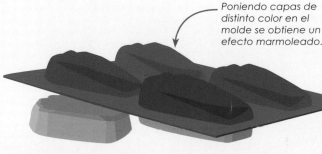

1 Aprieta la mezcla dentro de los moldes.

2 Si usas un molde cerrado, llena algo de más cada mitad y aprieta una contra otra sin girarlas.

3 Deja secar tus bombas de baño un par de horas en un lugar cálido y seco. No las expongas a la luz solar.

4 Una vez secas las bombas, sácalas con cuidado del molde. ¡Ya están listas para el baño!

CONSEJO

Las bombas de baño van perdiendo efervescencia: úsalas durante las próximas semanas.

¿SABÍAS QUE...?

Úrsula es una astuta bruja marina que engaña a Ariel y trata de apoderarse del reino submarino de Tritón.

Las bombas de baño son un buen regalo.

Las formas marinas evocan el mundo submarino.

Origami de Baymax

Baymax es un gran asistente personal hinchable que cabe doblado en su pequeño maletín. Haz un Baymax plegable de otro tipo, con el arte japonés de papel plegado conocido como origami.

Necesitarás:

- Hoja cuadrada de papel blanco
- Tijeras
- Bolígrafo negro

A plegar

No te preocupes si no te sale a la primera. Practica con papel de desecho antes de hacer tu Baymax definitivo.

Dobla por la línea, como en la imagen.

El papel tiene ahora ocho pliegues.

1 Dobla un cuadrado de papel por la mitad, formando un triángulo. Luego dobla la esquina izquierda sobre la derecha, y desdobla.

2 Dobla el papel por la mitad, formando un rectángulo. Desdobla y dóblalo al contrario.

3 Sosteniendo el papel por los pliegues marcados en la imagen, acerca las manos hasta que todas las esquinas se encuentren en el centro.

4 Dobla la solapa delantera hacia la derecha, y la trasera hacia la izquierda. Aplana bien la base formando un cuadrado.

5 Rota el cuadrado para que las solapas queden abajo. Dobla las solapas A y B hacia el centro. Aplana y desdobla.

6 Dobla la esquina superior hacia abajo. Aprieta bien y desdobla.

7 Levanta la solapa delantera, empujando a la vez hacia dentro los lados. Aplana y repasa bien los pliegues.

El cuerpo de Baymax empieza a tomar forma.

Aquí el papel debería tener el aspecto de un rombo, con la parte superior abierta.

Comprueba que este triángulo apunta hacia abajo.

8 Dale la vuelta y repite los pasos 5 a 7 en la otra cara. Luego gira 180° el resultado.

9 Abre el papel doblando la punta C sobre la D.

10 Dale la vuelta y repite el paso 9 en la otra cara.

11 Para hacer las piernas, dobla hacia arriba las dos puntas inferiores hasta la base del triángulo invertido. Desdobla y luego dobla las piernas dentro del cuerpo.

CONSEJO

Para hacer un cuadrado a partir de un rectángulo de papel, dobla una esquina hasta la opuesta para formar un triángulo y recorta lo sobrante.

Añade los detalles

Ahora que tienes la forma básica del cuerpo, puedes añadir los brazos y las piernas, así como el amigable rostro de Baymax.

1 Para hacer los brazos, dobla hacia abajo la solapa superior hasta los dos puntos señalados para marcar dos pliegues.

2 Solo en la pieza delantera, corta hasta el punto medio entre las dos líneas de plegado.

3 Dobla cada brazo hacia atrás en un ángulo de 45°, de modo que asomen por los lados.

4 Haz la cabeza doblando hacia abajo la solapa trasera hasta encima de la línea de los hombros.

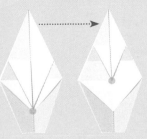

5 Dobla la solapa de la cabeza hacia arriba de nuevo y ábrela hasta los dos puntos señalados.

6 Dobla y aplana la cabeza.

7 Para hacer la barbilla, dobla la esquina inferior de la cara hacia fuera, y luego hacia dentro.

8 Dobla los extremos de los brazos hacia atrás para hacer las manos.

9 Dibuja la cara de Baymax, ¡y listos!

Castillo de cuento

¡Usa la magia matemática para transformar cartulina en un edificio espectacular! Las formas planas se convierten en bloques 3D para construir tu propio castillo de cuento de hadas.

Necesitarás:

- Papel de calco
- Lápiz
- Cartulina de color
- Tijeras
- Regla
- Cola blanca o pegamento de barra

Prepara los bloques

El primer paso es convertir formas planas de cartulina en bloques 3D. Para hacer este castillo necesitarás 18 prismas hexagonales, 11 pirámides hexagonales y 7 ortoedros.

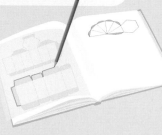

1 Calca los patrones de la p. 196.

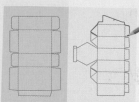

2 Copia las formas sobre cartulina del color elegido y recórtalas.

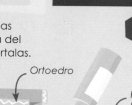

Ortoedro

Prisma hexagonal

Pirámide hexagonal

3 Pide a un adulto que marque todos los pliegues usando una regla y unas tijeras.

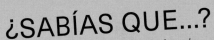

4 Dobla por las líneas marcadas. Para obtener un borde recto, pon una regla a lo largo del pliegue.

5 Pega las pestañas al interior del cuerpo principal de las piezas para obtener las formas 3D.

¿SABÍAS QUE...?

El castillo de Cenicienta inspiró los castillos del Magic Kingdom de Walt Disney en Florida (EE UU) y de Tokyo Disneyland (Japón).

Esta torre se compone de ortoedros apilados.

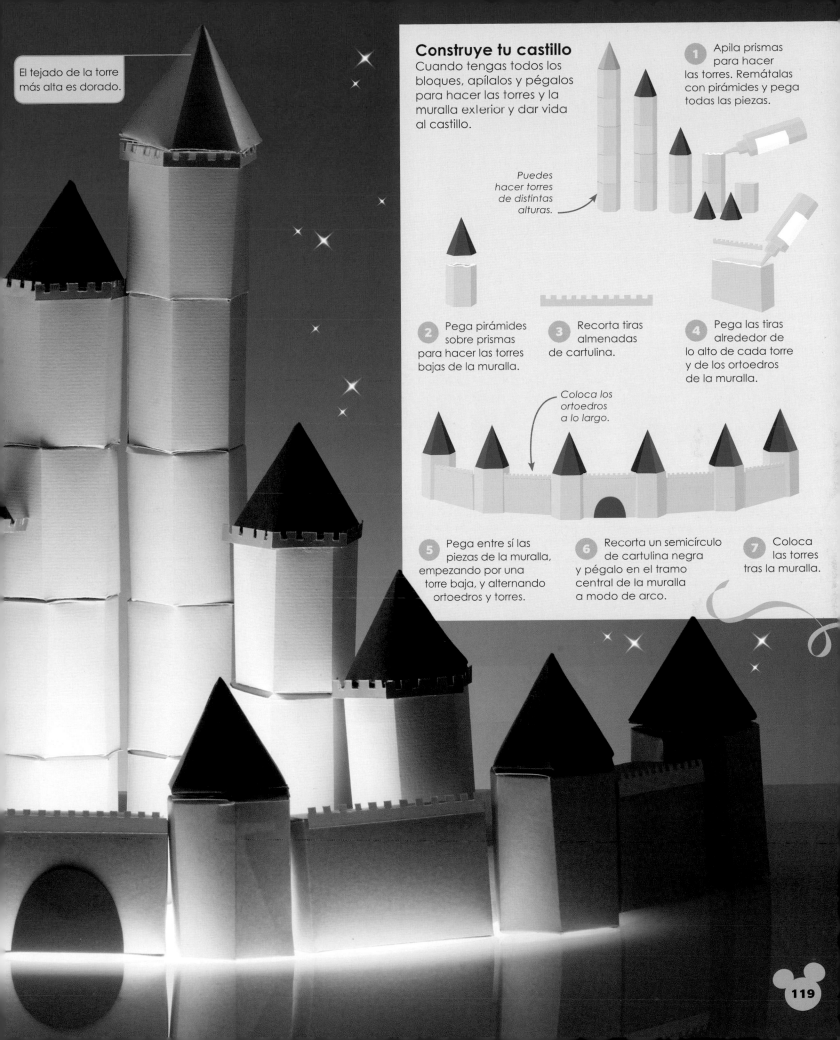

El tejado de la torre más alta es dorado.

Construye tu castillo

Cuando tengas todos los bloques, apílalos y pégalos para hacer las torres y la muralla exterior y dar vida al castillo.

Puedes hacer torres de distintas alturas.

1 Apila prismas para hacer las torres. Remátalas con pirámides y pega todas las piezas.

2 Pega pirámides sobre prismas para hacer las torres bajas de la muralla.

3 Recorta tiras almenadas de cartulina.

4 Pega las tiras alrededor de lo alto de cada torre y de los ortoedros de la muralla.

Coloca los ortoedros a lo largo.

5 Pega entre sí las piezas de la muralla, empezando por una torre baja, y alternando ortoedros y torres.

6 Recorta un semicírculo de cartulina negra y pégalo en el tramo central de la muralla a modo de arco.

7 Coloca las torres tras la muralla.

Aviones de papel

¿Sueñas con ser una estrella de las carreras aéreas como Dusty, el avión fumigador? Ahora tienes una oportunidad con estos aviones de papel tuneados. Reta a tus amigos a ver quién vuela más lejos.

Necesitarás:

- Papel de calco
- Lápiz
- Cartulina de color
- Tijeras
- Pegamento
- Clip
- Papel de color, bolígrafos o pintura

Skipper
Riley

Skipper es un viejo Corsair de la marina.

Monta tu avión

Un as del aire ha de ser tan bueno como su avión, y lo primero para competir será construirlo. Usa el patrón y decóralo a la manera de tu avión favorito.

1 Calca el patrón de la p. 197.

2 Copia las dos formas sobre cartulina y recórtalas.

3 Dobla la pieza mayor por la mitad y luego despliega las alas.

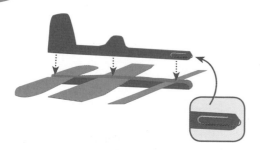

4 Pega la pieza menor de cartulina sobre el centro de la mayor.

5 Coloca un clip en el extremo delantero de la pieza menor.

6 Para fijar el clip, corta una tira fina de cartulina y envuelve con ella el morro del avión. Pégala en su lugar.

7 Comprueba cómo vuela tu avión. Puedes ajustar el ángulo de las alas o la cola.

8 Decora tu avión. Puedes usar papel de color, bolígrafos o pintura. ¡Listo para volar!

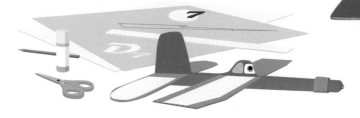

¿SABÍAS QUE...?
Dusty persigue su sueño de las carreras con la ayuda de su amigo el camión de combustible Chug y de su entrenador, Skipper.

CONSEJO
El clip es clave para dar peso al morro y que el avión vuele bien.

Dipper

Dipper fue diseñado para recoger agua y apagar fuegos.

Dusty Crophopper

El 7 es el número que recibe Dusty para el rally Alas por el Mundo.

ALADDÍN

Teatro de marionetas

Evoca un mundo fabuloso con este teatro de marionetas de *Aladdín*. ¡Divierte a tus amigos con una función espectacular en la que tú controlas la acción y puedes hacer los deseos realidad!

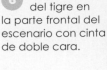

Necesitarás:

- Caja de zapatos
- Lápiz
- Cartulina o papel de color
- Tijeras
- Cola blanca
- Pincel para cola
- Cinta adhesiva
- Cinta de doble cara
- Regla
- Cúter
- Rotuladores
- Pegamento de barra
- Lentejuelas y purpurina
- Tela dorada
- Palitos de madera

Construye el escenario

Una caja de zapatos es una base perfecta para un teatro de marionetas. Transforma la caja añadiéndole la cara de tigre de la Cueva de las Maravillas.

Papel naranja para la arena de la cueva

1 Retira la tapa de la caja y forra el exterior de esta con cartulina de color.

2 Forra el interior de la caja con cartulina o papel de otro color.

3 Con una regla, traza cuatro líneas rectas en la parte superior de la caja.

4 Pide a un adulto que abra ranuras a lo largo de las líneas con un cúter. Deben ser más anchas que los palitos de madera.

5 Dibuja la cara de tigre que enmarca la cueva sobre cartulina de color.

6 Recorta los ojos, la nariz y los dientes en cartulina, y pégalos con pegamento o cinta.

Prepara la escena

La tela dorada, las lentejuelas y la purpurina recrean la reluciente Cueva de las Maravillas, repleta de tesoros.

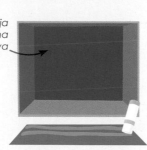

Montones de oro y joyas — *Puerta dorada*

1 Dibuja los elementos del escenario sobre cartulina de color y recórtalos. Deja una pestaña en la base de cada pieza.

2 Extiende cola blanca por una cara de los montones de oro y joyas y luego añade lentejuelas y purpurina.

3 Dobla las pestañas y pégalas al suelo del escenario. Comprueba que todo quede colocado entre (y no justo debajo de) las ranuras de la parte superior de la caja.

La purpurina y las lentejuelas parecen oro y joyas relucientes.

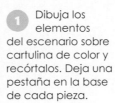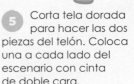

4 Pega purpurina en el suelo y esparce lentejuelas doradas.

5 Corta tela dorada para hacer las dos piezas del telón. Coloca una a cada lado del escenario con cinta de doble cara.

6 Pega la cara del tigre en la parte frontal del escenario con cinta de doble cara.

 122

¿SABÍAS QUE...?

La Cueva de las Maravillas se halla oculta bajo el desierto de Arabia. Es aquí donde Aladdín encuentra la Alfombra Mágica y la lámpara con su poderoso Genio.

CONSEJO
Coloca los personajes a distintas alturas de los palitos para lograr una puesta en escena más sugerente.

La cara del tigre oculta los bordes de la caja.

Las marionetas están en planos distintos para lograr un efecto 3D.

Haz las marionetas

Las marionetas se manejan desde arriba con palitos de madera, que se insertan por las ranuras de la parte superior de la caja.

Haz personajes lo bastante anchos para poder pegar los palitos al dorso.

Unas marionetas de cartulina gruesa serán más sólidas y se dañarán menos al meterlas y sacarlas de la caja.

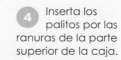

1 Dibuja los personajes sobre cartulina y recórtalos.

2 Añade detalles a los personajes con cartulina de colores o rotuladores.

3 Pega con cinta un palito al dorso de cada personaje.

4 Inserta los palitos por las ranuras de la parte superior de la caja.

¡Que comience el espectáculo!
Interpreta tu propio espectáculo de marionetas
de *Aladdín* moviendo los personajes por el
escenario. Puedes poner voces distintas para
cada personaje y contar la historia de la película,
¡o la que tú te inventes!

Truco de levitación

La princesa Elena vive en un mundo lleno de magia. Adquirió sus poderes tras ser atrapada en el amuleto de Ávalor. Prueba tu propia magia con este truco.

Necesitarás:

- Cartulina
- Bolígrafos o lápices de colores
- Tijeras
- Cinta adhesiva o masilla adhesiva
- Purpurina (opcional)

Prepara tu cetro

Hay toda clase de objetos mágicos en Ávalor, pero el Cetro de Luz es uno de los más antiguos y poderosos.

1 Dibuja y colorea el cetro de Elena sobre cartulina.

2 Puedes añadir purpurina para distraer a los espectadores durante el truco y dar un aspecto más impresionante al cetro.

3 Recorta la cartulina con el cetro con el tamaño y la forma de un naipe.

Ensaya el truco

Una vez listo el cetro, llega el momento mágico. Como sucede con todos los trucos de magia, conviene ensayar antes de actuar.

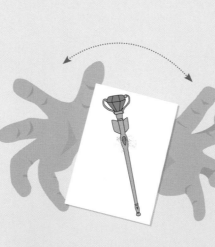

1 Pega un pequeño trozo de cinta o masilla adhesiva en la punta de uno de tus pulgares y presiona este sobre el dorso de la carta del cetro.

2 Sostén el cetro entre las manos, realizando movimientos mágicos. Si abres las manos y los dedos, ¡parecerá que el cetro flota en el aire!

¿SABÍAS QUE...?

El amigo brujo de Elena, Mateo, también tiene poderes mágicos. Para realizar sus conjuros golpea una tamborita.

Constelación casera

Cuando Hércules demuestra ser un héroe, su padre Zeus cuelga una imagen de él en el cielo: la constelación de Hércules, que puedes contemplar en el firmamento. ¡Haz tu propia versión para ver las estrellas en casa!

Necesitarás:

- Bote de vidrio
- Papel o cartulina negra
- Lápiz
- Tijeras
- Masilla adhesiva
- Cinta de doble cara
- Una linterna plana o una luz que quepa en el bote

Hacedor de estrellas

Puedes dibujar la constelación que quieras, pero debes asegurarte de que la cartulina negra se ajuste perfectamente al bote para que la luz se escape solo por las estrellas.

1 Coloca el bote sobre cartulina o papel, marca la longitud y la anchura necesarias para envolverlo, y recorta.

2 Dibuja tu constelación en el centro del papel.

3 Para hacer cada estrella, perfora el papel con la punta de un lápiz sobre masilla adhesiva, o con una perforadora.

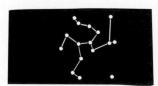

4 Puedes unir las estrellas de tu constelación cortando líneas finas en el papel. Así será más llamativa.

5 Pega el papel alrededor del bote con cinta, sin dejar huecos.

6 Apaga las luces. Enciende la linterna, métela en el bote y cierra la tapa. Enfoca el bote hacia una pared desnuda, ¡y a contemplar estrellas!

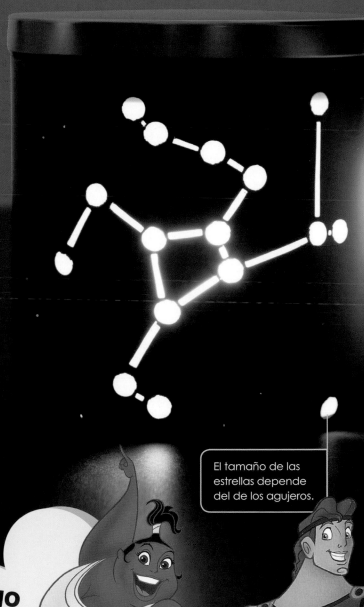

El tamaño de las estrellas depende del de los agujeros.

CONSEJO
Si las estrellas se ven borrosas, prueba a acercar o alejar el bote de la pared.

Guirnalda de libros

Bella tiene siempre algún libro entre manos, así que está encantada con la biblioteca de la Bestia. Tú también puedes rodearte de libros con esta bonita guirnalda.

Necesitarás:

- Papel estampado
- Papel de color
- Papel blanco
- Lápiz y regla
- Tijeras
- Pegamento de barra
- Cinta dorada
- Cinta adhesiva
- Hilo
- Cordón dorado

Encuadernación de lujo

Cada libro tiene unas cubiertas con el exterior estampado y el interior de color liso, y páginas blancas. Para el exterior puedes usar papel de regalo o crear un diseño propio.

1 Para ahorrar tiempo, corta primero todos los tipos de papel. Los rectángulos de 12,5 × 20 cm dan libros de buen tamaño.

2 Pega una hoja de papel estampado sobre otra de color para hacer las cubiertas.

3 Dobla las cubiertas por la mitad de modo que la cara estampada quede por fuera.

Puedes escribir mensajes en las páginas blancas.

¿SABÍAS QUE...?

El libro favorito de Bella trata sobre una niña que conoce a *le Prince Charmant*, o príncipe azul, en francés.

4 Corta un trozo de cinta dorada de 2,5 cm. De esta colgará luego el libro.

5 Dobla la cinta por la mitad en un lazo y pega los extremos en la parte superior interna de la cubierta anterior.

6 Dobla al menos dos hojas de papel blanco por la mitad, de modo que quepan entre las cubiertas.

7 Coloca las hojas dobladas entre las cubiertas.

8 Pasa un hilo alrededor del pliegue del libro.

9 Ata el hilo por abajo para mantener unido el conjunto.

10 Repite los pasos 2 a 9 para hacer tantos libros como quieras. Pasa el cordón dorado por los lazos.

11 ¡Es el momento de colgar tu guirnalda!

El lazo de cinta rodea el cordón.

Puedes usar una decoración distinta para cada libro.

Fuegos fatuos

Los fuegos fatuos guían a la princesa Mérida por los oscuros montes de las Tierras Altas de Escocia. Puedes crear el mismo efecto de luz flotante con barras luminosas. ¿Adónde te llevarán tus fuegos?

Haz tus propios fuegos

Puedes preparar las botellas por anticipado y añadir las barras justo antes de que quieras que brillen en la oscuridad.

Necesitarás:

- Botellas de plástico
- Tijeras
- Bolas de algodón
- Cola blanca
- Barras luminosas azules

¡Cuidado con los bordes afilados!

1 Pide a un adulto que corte la parte superior de la botella de plástico con unas tijeras. Cada botella hará un fuego fatuo.

La diversa densidad del algodón proporcionará distintos matices a la luz azul.

2 Abre y estira delicadamente trozos de algodón para lograr formas y densidades diferentes.

Varias barras en una botella intensificarán la luz.

3 Pega los trozos de algodón alrededor del interior de la botella con cola blanca. Déjalo secar.

5 Rompe barras luminosas e introdúcelas en la botella. Apaga las luces para ver tus fuegos. Una barra de calidad media luce durante una hora.

4 Una vez seco el pegamento, puedes dar distintas formas a los trozos de algodón.

Puedes utilizar los fuegos como luz nocturna, o marcar con ellos un sendero.

Los fuegos del reino de DunBroch son azules, pero puedes usar barras de distintos colores para obtener un efecto multicolor.

CONSEJO
Usa botellas de distinto tamaño y forma para dar variedad a los fuegos.

¿SABÍAS QUE...?
Los fuegos fatuos aparecen en el folclore de muchas culturas. Se creía que eran espíritus, pero se deben al gas azul que emiten naturalmente las ciénagas.

PETER PAN

Zoótropo

Peter Pan visita a Wendy, John y Michael en el Londres de la época victoriana. Entonces, las animaciones se creaban con un zoótropo. ¡Puedes construir uno y ver a Peter sobrevolar Londres de noche!

Necesitarás:

- Plato de cartón
- Cartulina negra
- Papel y cartulina de color
- Rotuladores o pintura
- Tijeras
- Pegamento
- Cinta adhesiva
- Lápiz
- Masilla adhesiva

Preparación

Un zoótropo es un cilindro con imágenes que gira sobre una base. Se puede hacer uno con cartulina y un plato de cartón.

1 Corta una tira de cartulina negra de 10 cm de ancho y de longitud equivalente al diámetro interior del plato, más 2,5 cm extra.

2 En toda la parte superior, corta ranuras de 5 cm de largo, espaciadas a intervalos regulares.

3 Recorta la parte inferior, dejando cuatro pestañas de 2,5 cm de largo repartidas regularmente.

Dibuja tu animación

Dentro del zoótropo hay una serie de dibujos que van cambiando ligera y sucesivamente. Puedes dibujar a Peter Pan sobrevolando Londres, Nunca Jamás o lo que quieras.

Puedes representar edificios famosos, o bien formas simples.

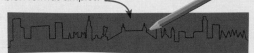

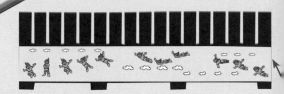

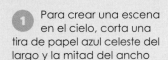

1 Para crear una escena en el cielo, corta una tira de papel azul celeste del largo y la mitad del ancho de la cartulina negra.

2 Dibuja las imágenes a intervalos regulares y a todo lo largo del papel, variando ligeramente cada una.

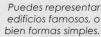

3 Sobre cartulina de color, dibuja y recorta un paisaje urbano (u otro de tu elección).

4 Pega el paisaje en el exterior de la cartulina negra.

5 Pega la escena en el interior de la cartulina negra.

El papel debe quedar entre las pestañas, abajo, y las ranuras, arriba.

Arma el conjunto

Al hacer girar el zoótropo, los ojos ven aparecer y desaparecer las imágenes entre las ranuras. Esto hace que parezcan una sola imagen en movimiento.

¡Recuerda pegar el paisaje urbano por fuera!

1 Une los bordes de la cartulina negra con pegamento o cinta, formando un cilindro.

2 Dobla las pestañas y pégalas al plato.

3 Con masilla adhesiva, fija el extremo de un lápiz en el centro de la base del plato.

4 Haz girar el lápiz entre los dedos para que gire el conjunto.

Mira a través de las ranuras; si no, las imágenes se verán borrosas.

¿SABÍAS QUE...?
Cuando vemos imágenes en rápida sucesión, el cerebro rellena los huecos y percibe movimiento. Lo mismo ocurre con los folioscopios y la televisión.

Boogie con Baloo

Baloo es un oso alegre y bonachón al que le encanta bailar y cantar. Déjale enseñarte lo que sabe de danza. ¡Olvida tus preocupaciones y a bailar!

Necesitarás:

- Espacio para bailar
- Música (opcional)

¿SABÍAS QUE...?
Baloo es tranquilo, pero tiene muchas cosquillas.

Baloo
Baloo es un oso grande y afable que toma bajo su protección a Mowgli: le enseña su filosofía de la vida despreocupada y feliz, y le salva de muchos peligros de la selva.

CONSEJO
No hace falta saber pasos para bailar: basta con dejarse llevar por el ritmo.

El salto
Este gracioso paso permite dar un descanso a los pies… ¡pero de uno en uno!

El buitre funky
Agita los codos y diviértete imitando a esos pajarracos.

El pisotón
¡Pisa fuerte sobre la pista de baile con esas zarpas!

El twist de la toalla
Este movimiento vacilón es como secarse tras un chapuzón.

El meneo de cola
¡Menea, ea! Aunque no tengas cola, es un desmadre moverla.

La patada de kung-fu
Ojo… ¡Baloo es cinturón negro en el arte del boogie!

Carrera con tazas

CONSEJO
A la Liebre y el Sombrerero este juego les parecería ideal para fiestas de cumpleaños y de no cumpleaños.

En la madriguera del conejo, Alicia conoce a la Liebre de Marzo y al Sombrerero Loco, extraña pareja aficionada al té y las travesuras.

Necesitarás:

- Un espacio exterior
- Un vaso de plástico por participante
- Agua

¡A JUGAR!

1. Todos los participantes deben tener un vaso lleno con la misma cantidad de agua.

2. Todos se colocan en la línea de salida.

3. El árbitro da la salida con la voz o un silbato. Los participantes corren hacia la meta lo más rápido posible sin derramar el agua.

4. El ganador puede ser el primero en llegar, el que haya derramado menos agua, o una combinación de ambas cosas.

DISNEY

A cantar

Los personajes de Disney tienen siempre la canción perfecta para cada momento. Reta a tus amigos a dar con una canción Disney para un tema determinado.

Necesitarás:

- Conocer canciones de Disney

¡A JUGAR!

1. Escoge un tema, como el amor o la amistad.

2. Cada equipo o jugador piensa en una canción relacionada con el tema. Se puede complicar el juego indicando palabras que deba incluir la canción.

3. Continuad hasta que a un jugador no se le ocurra una canción sobre el tema elegido. ¡Este queda eliminado!

4. Los demás pasan a la siguiente ronda, con otro tema. El último que quede es el ganador.

Brillo de labios

El hada Campanilla irradia un resplandor mágico y deja un rastro de polvo de hadas por donde vuela. Con purpurina puedes hacer un brillo de labios para resplandecer como ella.

Necesitarás:

- Vaselina
- Colorante alimentario
- Microondas
- Cuenco apto para microondas
- Cuchara
- Purpurina comestible
- Bote pequeño
- Cinta (opcional)

Preparación

La vaselina suele usarse para proteger la piel, ¡pero aquí le darás un fin más divertido!

1 Pon vaselina en un cuenco apto para microondas. Para llenar un botecito necesitarás 5 cucharaditas de vaselina.

2 Pide a un adulto que te ayude a ablandar la vaselina en el microondas. Caliéntala durante lapsos de 30 segundos, removiendo entre cada uno.

Haz la mezcla

Es el momento de añadir magia a tu brillo de labios con un poco de purpurina.

1 Añade y remueve una cucharadita de purpurina. Para mayor brillo, puedes añadir más.

2 Añade colorante alimentario en poca cantidad hasta lograr el tono deseado.

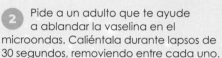

3 Pasa la mezcla al botecito. Dale unos suaves golpes para eliminar las burbujas.

4 Si la mezcla no queda lisa por arriba, pide a un adulto que caliente el bote al baño María.

5 Deja enfriar la mezcla antes de usarla o taparla.

6 Adorna el recipiente con una cinta.

¿SABÍAS QUE...?

Campanilla es un hada que repara muy bien ollas y teteras.

CONSEJO
Si quieres hacer brillo de labios de distintos colores, recuerda separar la mezcla en botes distintos antes de añadir el colorante.

Purpurina dorada para el polvo de hadas

Colorante rojo para Rosetta, un hada jardinera

Estrellas fosforescentes

El rey Mufasa cuenta a su hijo Simba que los grandes reyes del pasado los contemplan desde las estrellas. Haz unas estrellas para el techo que te recuerden las personas y cosas importantes para ti.

Necesitarás:

- Arcilla polimérica fosforescente
- Papel film
- Rodillo
- Cortadores de galletas
- Bandeja de horno
- Horno
- Masilla adhesiva

Recorta y hornea

Las estrellas de arcilla fosforescente brillan como las de verdad en el cielo nocturno.

1 Precalienta el horno según las instrucciones del paquete.

2 Extiende la arcilla con un rodillo hasta que quede uniforme y de 1,5 cm de grosor.

3 Recorta estrellas con cortadores de galletas.

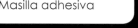

4 Coloca las estrellas en una bandeja de horno.

5 Hornea 30 minutos a 130 °C, o según las instrucciones del paquete.

6 Cuando las estrellas se hayan enfriado, pégalas al techo con masilla adhesiva.

La diversidad de tamaño de las estrellas da profundidad.

También las puedes modelar a mano o con un cuchillo romo.

CONSEJO

Para mantener limpia la arcilla al extenderla con el rodillo, cúbrela con papel film.

Volcán de refresco

El volcán Diet Cola figura en el videojuego *Sugar Rush*. Cuando Ralph le echa caramelos de menta, se produce una explosión de espuma... ¡que puedes recrear en casa!

Necesitarás:

- Botella de cola, llena y sin abrir
- Papel
- Caramelos de menta (porosos)

La espuma sale a presión.

¡Crea una explosión!

La clave para lograr un volcán imponente es emplear una botella de cola llena y sin abrir. Lo manchará todo, así que mejor hacerlo en el exterior, y con supervisión adulta.

1. Pon la botella en un lugar seguro para producir la explosión. Deja que la cola se asiente.

2. Vierte unos 60 ml de cola para hacer hueco bajo la boca de la botella.

3. Enrolla papel formando un cilindro.

4. Pon seis caramelos de menta en el cilindro de papel, tapándolo por abajo con el dedo para que no se salgan.

5. Desenrosca el tapón de la botella.

6. Sostén el cilindro sobre la botella manteniéndote lo más alejado posible.

7. Echa los caramelos en la botella, apártate ¡y observa la explosión! Más caramelos producirán una explosión mayor y más rápida.

Puedes crear un paisaje de papel para tu volcán Diet Cola.

En la tierra de *Sugar Rush* hay montes de chocolate.

¿SABÍAS QUE...?

El gas carbónico de la cola reacciona con los poros de la superficie de los caramelos, formando una espuma que sale disparada.

CARS

Pista de la Copa Pistón

¿No puedes acudir a la Copa Pistón? No te preocupes: ¡construye una pista y celebra tu campeonato! Aumenta la emoción con una rampa de cartón y tus propios coches.

Necesitarás:

- Cartón grueso
- Regla
- Lápiz
- Tijeras
- Cinta adhesiva
- Pegamento

- Pintura y pincel
- Papel blanco y de color
- Rotuladores
- Palillos
- Coches de juguete pequeños

Prepara las piezas

Recorta primero todas las piezas que vas a necesitar para montar la pista.

4 soportes altos para la torre: 50 cm de alto × 10 cm de ancho

1 soporte mediano: 38 cm de alto × 10 cm de ancho

1 soporte bajo: 25 cm de alto × 10 cm de ancho

1 arco con un hueco de 11,5 cm de ancho

Marcas de lápiz

Pieza de pista A: 125 cm de largo × 15 cm de ancho

Pieza de pista B: 62,5 cm de largo × 15 cm de ancho

Plataforma: 20 cm de ancho

Pieza de la mediana C: 125 cm de largo × 5 cm de ancho

Pieza de la mediana D: 25 cm de largo × 5 cm de ancho

1 Cortar cartón grueso puede resultar difícil, así que pide ayuda a un adulto.

2 En las piezas de pista A y B, mide 2,5 cm desde los dos bordes largos y desde uno de los cortos. Marca las líneas con lápiz.

3 En la pieza A, recorta los dos cuadrados de las esquinas, como en la imagen. Esto facilitará la unión de las dos piezas de la pista.

4 Mide 2,5 cm desde el borde de cada lado de la pieza de la plataforma y marca las líneas con lápiz.

Haz la rampa

La longitud y la altura de la rampa determinarán su inclinación. Una mediana recorre el centro de la pista para separar los carriles.

La pestaña queda sobre la unión de las piezas en la cara superior de la pista.

Las paredes impiden a los coches salirse de la pista.

1 Pega con cinta, y por la cara inferior, los extremos cortos de las piezas A y B.

2 Pide a un adulto que marque las líneas de lápiz con regla y tijeras.

3 Levanta los lados para hacer las paredes.

Aquí estará la meta.

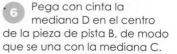

4 En el extremo marcado de la pieza B, abre ranuras y pega las esquinas dobladas para hacer el final de la pista.

5 Pega con cinta la mediana C en el centro de la pieza de pista A. La mediana recorre la rampa.

6 Pega con cinta la mediana D en el centro de la pieza de pista B, de modo que se una con la mediana C.

¡Corre hacia la meta!

¡Es el momento de montar la rampa y los soportes y de decorar tu pista!

1 Une con cinta los cuatro soportes altos de la torre.

 2 Pide a un adulto que marque las líneas de lápiz de la plataforma con regla y tijeras.

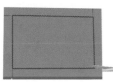

3 Abre una ranura en cada esquina, como en la imagen, para poder doblar los bordes de la plataforma. Pega las cuatro pestañas a las paredes.

4 Haz unos cortes en el centro de la pared de la plataforma, como en la imagen, y dobla el cartón para que puedan pasar los coches.

La pestaña está pegada a la pared de la plataforma.

5 Pega con cinta la rampa en lo alto de la torre.

6 Pega con cinta la plataforma sobre la torre, con el hueco abierto hacia la pista.

7 Pega con cinta los dos soportes más cortos bajo la pista, y el arco sobre la misma.

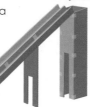

8 Pinta todas las piezas y añade una tira cuadriculada a modo de línea de meta.

9 Coloca las señales de la salida y la meta insertando los palillos en los bordes del cartón.

10 Añade banderines de la misma forma.

SALIDA

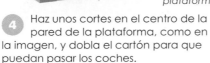

META

Puedes recortar arcos decorativos en los soportes.

¿SABÍAS QUE...?

Rayo McQueen ha ganado siete veces la Copa Pistón.

CONSEJO

Esta pista es apta para coches de menos de 5 cm de ancho. Para coches mayores, adapta el ancho de la pista.

VAIANA

Construye una balsa

¿Sientes la llamada del océano? Hazte al mar como Vaiana con este proyecto de balsa que es toda una obra de ingeniería. ¡Veamos lo lejos que puedes llegar con el viento en tu vela!

Necesitarás:

- Unas 14 ramitas rectas
- Hilo
- Tijeras
- Cinta adhesiva
- Tela lisa (sin dibujo)
- Lápiz
- Rotulador para tela
- Aguja grande
- Pegamento

Haz la balsa

Para la base necesitarás unas diez ramitas rectas. Si no son de igual longitud, pide a un adulto que las recorte. Necesitarás dos ramitas para la vela y dos más cortas para cruzarlas sobre la balsa.

1 Ata hilo hacia el extremo de una ramita.

2 Pásalo alrededor de otra ramita con un lazo en forma de 8. Repite esto varias veces hasta que queden bien sujetas.

3 Repite la operación entre la segunda y la tercera ramitas, y así hasta haber unido las diez.

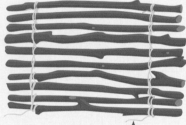

Ata y recorta los cabos de hilo sueltos.

Esta ramita debe tener la longitud del ancho de la balsa.

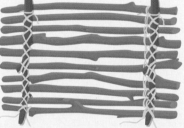

4 Haz un nudo después de atar la décima ramita y corta el hilo sobrante. Repite el proceso en el otro extremo de la balsa.

5 Ata hilo hacia el extremo de una ramita corta.

6 Con la balsa de costado, coloca la ramita en vertical sobre un extremo. Sujétala con hilo a todas las ramitas sobre las que se apoya.

7 Repite el proceso con otra ramita en el otro extremo de la balsa.

PRUEBA ESTO
Para inmovilizar las ramitas mientras las atas, puedes fijarlas a una mesa utilizando cinta adhesiva.

Añade la vela

¡La balsa no puede navegar sin vela! La vela de Vaiana está decorada con el símbolo espiral rojo del corazón de Te Fiti.

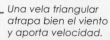

Una vela triangular atrapa bien el viento y aporta velocidad.

1 Tiende la ramita que servirá de mástil sobre un pedazo de tela. Coloca una ramita más corta en el ángulo deseado.

2 Entre las ramitas, dibuja una vela triangular sobre la tela. Recórtala.

3 Con rotulador para tela, dibuja el símbolo espiral de Vaiana en la vela.

4 Sujeta las dos ramitas con hilo rojo con vueltas en forma de 8, como en la imagen.

Para pintar la vela, usa rotulador para tela, para que no se corra la tinta si vuelca la balsa.

Balsa de diez ramas de ancho

Las ramitas que atraviesan la balsa la ayudan a flotar. Pueden ir debajo o encima de la balsa.

¿SABÍAS QUE...?
Vaiana navega en una canoa de madera que encuentra en la cueva de sus antepasados.

5 Con una aguja gruesa, haz agujeros a lo largo del borde vertical de la vela. Pasa el hilo rojo por estos y alrededor del mástil.

6 Ata el hilo en lo alto del mástil con un nudo firme. Recorta los extremos.

7 Pega el borde inferior de la vela al palo corto.

8 Inserta el mástil entre las ramitas de la balsa. Las irregularidades de estas lo facilitarán.

9 Para fijarlo, pasa varias vueltas de hilo por la base del mástil, las ramitas longitudinales de la balsa y la que las atraviesa.

MANUALIDADES

Pinzas de sirena

A la princesa Ariel del reino submarino de Atlántica le encanta coleccionar objetos humanos, tales como tenedores y peines. En esta actividad, reúne pinzas de la ropa y conviértelas en muñecas de Ariel y sus hermanas.

Necesitarás:

- Pinzas de madera rectas
- Lápiz
- Pintura acrílica
- Pincel fino
- Gomaespuma
- Tijeras
- Pegamento
- Hilo de bordar
- Purpurina

Arista

Aquata

Puedes usar papel de color para crear un bonito fondo acuático.

Haz una sirena

Los colores de esta sirena son para Ariel, pero puedes hacer a una de sus hermanas, o a quien quieras.

1 Dispón la pinza con el extremo redondo hacia arriba para la cabeza.

2 Decide hasta dónde llegará la cola, dibuja allí una V y pinta todo lo que quede por debajo.

3 Pinta un top de bikini de conchas. Ariel tiene la cola verde y el top morado.

4 Dibuja la cola en una hoja de gomaespuma y recórtala.

5 Inserta la cola entre las pinzas. Añade pegamento o una cuña extra de gomaespuma si es necesario.

6 Corta hilo suficiente para rodear tres veces la cabeza. Pégalo en su lugar.

7 Corta 12 trozos de hilo casi el doble de largos que la pinza.

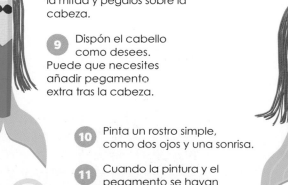

Pega el cabello por detrás del hilo que pegaste en el paso 6.

8 Reúne los 12 trozos de hilo, dóblalos por la mitad y pégalos sobre la cabeza.

9 Dispón el cabello como desees. Puede que necesites añadir pegamento extra tras la cabeza.

10 Pinta un rostro simple, como dos ojos y una sonrisa.

11 Cuando la pintura y el pegamento se hayan secado, pinta otros detalles que te gusten y añade purpurina para darle brillo.

Ariel

CONSEJO

Dibuja con lápiz el borde superior de la cola y el top antes de pintar.

Elefantes de papel

Dumbo no puede creer lo que ve cuando presencia un desfile de elefantes rosas. Parece mentira, pero con unas pocas y hábiles técnicas, ¡puedes transformar papel en una manada de elefantes en marcha!

Necesitarás:

- 7 hojas de papel de color para cada elefante
- Papel blanco
- Lápiz
- Pegamento
- Tijeras
- Cinta de doble cara
- Ojos saltones

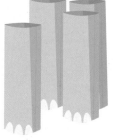

Prepara tus elefantes
El primer paso consiste en crear todas las partes del cuerpo en papel.

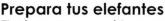

1 Pon pegamento a todo lo largo de una de las hojas de papel de color.

2 Enrolla el papel en un cilindro y pega el borde encolado al borde opuesto.

3 Dibuja 12 uñas sobre el papel blanco y recórtalas.

4 Pega tres uñas a la base de la pata.

5 Repite estos pasos hasta tener cuatro patas.

CONSEJO
Completa primero un elefante para comprobar que las piezas tienen el tamaño adecuado antes de hacer los demás.

Trompa   *Cola*

6 Corta dos tiras largas de papel de color.

7 Enrolla cada tira sobre sí misma y suéltala, de manera que quede rizada.

Da vida a tus elefantes
Cuando hayas terminado todas las piezas, ¡únelas y tendrás un elefante en la habitación!

1 Coloca en su sitio las cuatro patas y pega encima de ellas, con cinta de doble cara, una hoja de papel entera, de modo que caiga por ambos flancos. Puede ser necesario recortar.

2 Haz un quinto cilindro y pégalo horizontalmente en la parte frontal del cuerpo para hacer la cabeza.

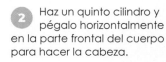

3 Pega la trompa en medio de la cabeza.

4 Pega la cola bajo la parte posterior de la pieza del cuerpo.

5 Recorta dos orejas para cada elefante.

6 Pega las orejas con pegamento o cinta a cada lado del tubo de la cabeza.

7 Pega los ojos en su lugar.

En vez de poner ojos de plástico, puedes poner unos de papel o dibujarlos.

Con piezas de papel menores puedes hacer crías de elefante.

149

Hucha Hamm

Puedes contar con Hamm para tener tu dinero a buen recaudo. Esta simpática hucha es uno de los juguetes de Andy; tú puedes hacer tu propio Hamm con una simple botella de plástico.

Necesitarás:

- Botella de plástico vacía con tapón
- Cúter
- Cinta adhesiva
- Bolígrafo
- Corcho
- Cola blanca
- Recipiente para mezclar
- Periódico
- Huevera
- Cartulina
- Tijeras
- Pintura y pincel
- Pegamento
- Botón con ranuras
- Limpiapipas rosa

Prepara la botella

Lo mejor será que utilices una botella ancha: una alargada no te dará la forma redondeada de la cara de Hamm.

 1 Pide a un adulto que corte la sección central de la botella con un cúter.

2 Vuelve a pegar las dos partes de la botella. Ahora quedará más corta, con más forma de cerdito.

3 Traza el diámetro del corcho sobre un lado de la botella.

No cubras los agujeros abiertos con las tiras de periódico.

4 Pide a un adulto que abra un agujero para el corcho y una ranura en el lado opuesto de la botella.

5 Mezcla cola blanca y agua a partes iguales.

6 Corta tiras de periódico y mójalas en la mezcla de cola. Cubre la botella con las tiras.

7 Una vez seco el papel maché, añade otra capa. Pueden hacer falta más de dos.

Decora tu hucha

Una vez cubierto de papel maché y totalmente seco, puedes decorar a Hamm.

Orejas de cartulina rosa oscuro

Cejas de cartulina

Ojos de cartulina

Uñas de cartulina

Patas de huevera

4 Dobla la base de las orejas y pega las pestañas en la botella.

5 Pega los ojos, las cejas, el botón y las uñas.

2 Pinta de rosa claro toda la botella, las cuatro patas y el botón, y también el dorso y los bordes de las orejas.

1 Recorta las piezas de cartulina y la huevera.

3 Una vez seca la pintura, pega las patas con pegamento.

6 Pon el corcho en su agujero.

7 Riza un limpiapipas y pégalo a modo de cola.

¿SABÍAS QUE...?
A veces Andy imagina un juego en el que Hamm es un malvado villano, el Dr. Tocino.

Comprueba que las monedas caben por la ranura.

Si se ve el periódico, añade otra capa de pintura.

151

Copos snowgies

¿Te gusta hacer muñecos de nieve? ¿Qué tal unos muñecos sonrientes? Estos diseños simétricos son snowgies, los pequeños y traviesos muñecos de nieve que aparecen cuando Elsa no se encuentra bien y estornuda.

Necesitarás:

- Papel de calco
- Papel blanco
- Lápiz
- Tijeras
- Hilo blanco fino
- Cinta adhesiva
- Perforadora

CONSEJO
Mantén bien juntas las capas de papel doblado mientras recortas.

Dobla y recorta
Cada copo de nieve está hecho con una hoja de papel y un patrón de un snowgie. ¡No es necesario estornudar!

Puedes usar un compás.

Asegúrate de que los pliegues estén bien alineados.

1 Dibuja un círculo de 12 cm de diámetro.

2 Dobla el círculo en cuartos, y luego por la mitad, con pliegues rectos y firmes.

3 Calca el patrón de la p. 197 sobre el segmento superior del círculo.

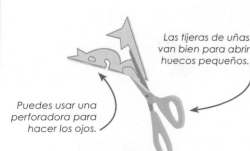

Las tijeras de uñas van bien para abrir huecos pequeños.

Puedes usar una perforadora para hacer los ojos.

4 Recorta con cuidado el patrón. Al estar el papel doblado, cortarás todas las partes a la vez.

5 Desdobla el copo con cuidado de no romperlo. Si lo quieres colgar, pega hilo al dorso con cinta.

¿SABÍAS QUE...?
Cada snowgie tiene su nombre, como Slush, Sludge, Slide, Ansel, Flake, Fridge, Flurry y Powder.

Este copo se dobló en cuartos, por lo que tiene cuatro líneas de simetría.

Para este diseño el papel se dobló por la mitad y luego en tercios, por lo que tiene seis líneas de simetría.

Rosa encantada

Contempla una rosa encantada…
La Bestia debe encontrar el amor
verdadero antes de que caiga
su último pétalo, pero tú puedes
disfrutarla sin estar hechizado.

Necesitarás:

- Bote con tapa
- Arcilla polimérica (verde y roja)
- Alambre
- Bandeja de horno
- Horno
- Pegamento
- Agua
- Pétalos de rosa de seda
- Purpurina
- Glicerina

Prepara el tallo

La rosa de la Bestia flota en el aire;
esta descansa sobre un tallo de
arcilla verde reforzado con alambre.

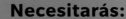

1 Haz un rectángulo plano de arcilla verde, menor que la altura del bote.

2 Corta tres trozos de alambre, 5 cm más largos que el tallo de la rosa. Trénzalos entre sí.

3 Coloca el alambre sobre la arcilla, dejando 1 cm por arriba y 4 cm por abajo.

4 Envuelve el alambre con la arcilla, moldeando con los dedos para alisarla.

5 Dobla el tallo en forma de S para que parezca un tallo de flor real.

6 Haz las hojas en arcilla verde y únelas al tallo. Puedes añadirles el nervio central con la uña.

7 Separa las hebras del alambre por abajo para que el tallo se mantenga en pie.

Haz la rosa

La rosa es fácil de hacer:
envuelve siete pétalos de
arcilla unos alrededor de otros.

1 Moldea los pétalos en arcilla roja.

2 Enrolla un pétalo sobre sí mismo para hacer el centro de la rosa.

3 Envuelve seis pétalos en torno al centro de la rosa, doblando los bordes superiores hacia fuera.

4 Pega más pétalos en la parte inferior del tallo para tapar el alambre.

5 Clava la rosa en el alambre, apretando un poco para fijarla.

6 Comprueba que la rosa cabe en el bote. Dobla más el tallo si sobresale.

7 Pon la rosa en una bandeja de horno.

8 Hornea siguiendo las instrucciones del paquete de arcilla.

9 Una vez enfriada, pega la base de la rosa en el interior de la tapa, comprobando que puedes cerrar esta. Deja que se seque en posición erguida.

Añade brillo mágico

Una vez seco del todo el
pegamento, es el momento
de añadir los toques finales.

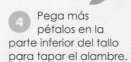

1 Llena el bote de agua, casi del todo.

2 Añade una cucharadita de glicerina. Demasiada puede apelotonar la purpurina, pero si es poca, caerá demasiado rápido.

3 Añade los pétalos de seda y algo de purpurina.

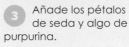

4 Cierra bien la tapa con la rosa.

5 Agita el bote, pósalo con la tapa hacia abajo, y observa cómo caen los pétalos.

La glicerina hace caer la purpurina más despacio.

La hechicera ofreció la rosa al príncipe a cambio de que le diera refugio en su castillo.

La purpurina reluce al agitar el bote.

Decora la tapa con una cinta o un cordón.

CONSEJO
Sella la tapa por fuera con pegamento para que no salga líquido.

Forros de cuaderno

Si juzgas los libros por las cubiertas, ¡te encantarán estos cuadernos inspirados en personajes! Puedes hacer una serie con Donald, Minnie y todos sus amigos, para ti o para regalar.

Necesitarás:

- Papel de color
- Papel blanco
- Cuadernos
- Lápiz
- Tijeras
- Cinta de doble cara o pegamento
- Botones blancos

Forra tu cuaderno

Sigue estos pasos para hacer al Pato Donald, y adapta el método para cualquier otro personaje que desees.

1 Escoge el color principal del forro, por ejemplo, azul para la camisa de marinero de Donald.

2 Coloca el cuaderno en el centro del papel de color. Ábrelo. Necesitarás papel suficiente para cubrir el libro entero: cubiertas y lomo.

Traza la silueta del libro para señalar su tamaño.

3 Corta el papel de modo que sea 2,5 cm más largo que el libro por los cuatro lados.

4 Corta en triángulo las cuatro esquinas. Hazlo con el cuaderno encima para no cortar más allá del tamaño de este.

5 Corta un pequeño rectángulo por encima y por debajo del lomo, como en la imagen.

6 Envuelve el cuaderno, doblando las solapas sobre las cubiertas y luego pegándolas con pegamento o cinta de doble cara.

7 Recorta dos tiras de papel amarillo y pégalas en V en la cubierta para hacer el cuello de Donald.

8 Recorta una pajarita en papel rojo y pégala en el ángulo de la V.

9 Pega cuatro grandes botones blancos bajo la pajarita para completar el clásico *look* marinero de Donald.

¿SABÍAS QUE...?

En 2005, Donald obtuvo su propia estrella en el Paseo de la Fama de Hollywood (Los Ángeles, EE UU).

Puedes añadir textura utilizando distintos materiales para los complementos, como un lazo sedoso para Minnie.

Para hacer a Minnie

Variando el color de base se puede hacer cualquier personaje. Veamos cómo representar a Minnie.

1 Envuelve el cuaderno en papel rosa oscuro, siguiendo los pasos 2 a 6.

2 Con una moneda u otra plantilla redonda, traza varios círculos en papel blanco y recórtalos.

3 Pega los círculos blancos en el papel rosa claro, siguiendo un orden o al azar.

4 Envuelve la mitad inferior del cuaderno con el papel rosa claro de lunares.

157

Sujetalibros heroicos

Los Increíbles son miembros respetables de la sociedad que ayudan al prójimo. Obtén la ayuda de esta superpoderosa familia para mantener tus estanterías en orden. ¡Elastigirl se estira para acomodar los libros que haga falta!

Necesitarás:

- Papel de calco
- Lápiz y bolígrafos
- Cartulina de color
- Pegamento o cinta de doble cara
- Tijeras
- Al menos dos cajas de cereales mini
- Papel
- Arroz crudo

Crea tus personajes

Haz a la supermamá Elastigirl en cartulina para sujetar tus libros. Puedes añadir a su familia con la misma técnica.

1 Calca el patrón de Elastigirl de la p. 198.

2 Copia en cartulina negra la forma principal y la pieza separada de la pierna. Recórtalas.

3 Utiliza el patrón para dibujar detalles de cara y cuerpo en cartulina roja.

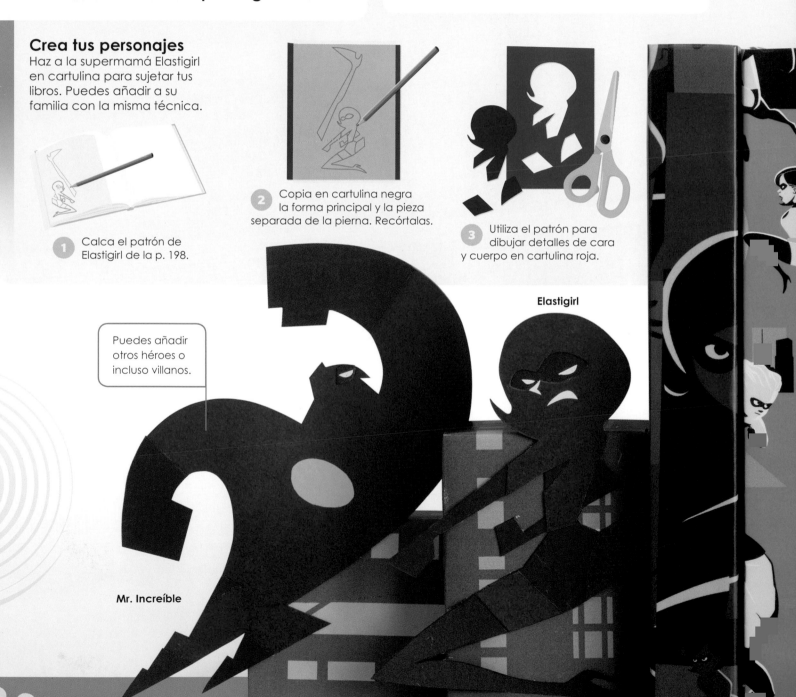

Puedes añadir otros héroes o incluso villanos.

Elastigirl

Mr. Increíble

4 Pega los detalles en la figura con pegamento o cinta de doble cara.

5 Para un efecto minimalista, dibuja los rasgos faciales en blanco.

Construye tus sujetalibros

Para que sean lo bastante pesados para sujetar libros, hay que lastrar los sujetalibros con arroz.

1 Llena las cajas de cereales mini con arroz crudo.

2 Envuelve cada caja de cereales. Puedes utilizar papel estampado, o bien papel blanco y decorarlo tú mismo.

3 Pega a Elastigirl en las cajas con pegamento.

Puedes decorar tus cajas de modo que representen un paisaje urbano.

Jack-Jack

PRUEBA ESTO

En lugar de envolverlas, puedes pintar las cajas, pero pueden hacer falta varias capas de pintura.

¿SABÍAS QUE...?

Elastigirl y Mr. Increíble son en realidad el matrimonio formado por Helen y Bob Parr. Ellos y sus tres hijos, Violeta, Dash y el bebé Jack-Jack, tienen superpoderes impresionantes.

Huevos pintados

«**¡Que le corten la cabeza!**», grita la Reina de Corazones cuando alguien la molesta. Puedes tomarte tu revancha en esta actividad que convierte a la tiránica Reina en un huevo. Aquí mandas tú, así que ¡a romper!

Necesitarás:

- Un huevo crudo
- Aguja
- Pajita
- Cuenco pequeño
- Huevera o recipiente pequeño
- Pintura acrílica
- Bolígrafo negro
- Papel amarillo
- Tijeras
- Cinta adhesiva
- Blonda de papel
- Pegamento

Prepara el huevo

El contenido del huevo no tarda en estropearse. Con esta técnica se vacía el huevo sin dañar demasiado la cáscara.

1 Perfora ambos extremos del huevo con la aguja.

2 Con la aguja, agranda uno de los agujeros hasta que quepa una pajita.

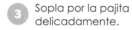

3 Sopla por la pajita delicadamente.

4 Recoge en un cuenco el contenido del huevo, que sale por el agujero pequeño.

5 Una vez vacía la cáscara, pásale agua delicadamente para lavarla.

6 Deja secar la cáscara.

Si no tienes una blonda, puedes recortar o decorar papel para hacer el cuello.

Decora tu huevo

Una vez limpio por dentro
y seco, el huevo está listo
para decorarlo.

1 Para esta
fase, coloca
el huevo en un
recipiente con
el agujero mayor
hacia abajo.

2 Pinta el cabello,
los pendientes,
los ojos, la nariz y la
boca de la Reina.
Para los detalles,
usa un bolígrafo.

3 Recorta una tira de papel en
zigzag para hacer la corona.

4 Pega los extremos de la
tira de papel con cinta.
Pega la corona al huevo con
pestañas de cinta.

5 Recorta una blonda de
bordes curvos para hacer
el cuello de encaje de la Reina.

6 Pega el cuello en su
lugar. ¡Su excelencia
ovoide ya está completa!

PRUEBA ESTO

**¡Haz también a
Tweedledum y
Tweedledee! Usa
el agujero menor
para plantar los
banderines.**

Clips amigos

El papeleo es más divertido con complementos alegres, y ¿quién mejor para adornar tu mesa que Mickey y sus amigos? Con simples botones puedes hacer rostros muy conocidos.

Necesitarás:

- Botones
- Fieltro
- Pegamento
- Tijeras
- Clips de colores

Caras de botones

Formas sencillas se pueden combinar con gran efecto. Usa botones redondos como base y añade otras formas recortadas en fieltro.

Busca botones que parezcan unos ojos, una boca o un pico.

1 Coloca los botones sobre un trozo de fieltro recreando la forma del personaje elegido.

2 Pega los botones en el fieltro.

3 Recorta trozos de fieltro para hacer la pajarita y otros detalles. Pégalos a los botones.

Mickey Mouse

Goofy

Los botones de trenca son ideales para hacer orejas de perro.

Pestaña

4 Recorta la forma entera, dejando una pestaña de fieltro bajo la cabeza.

5 Pasa la pestaña por el extremo de un clip y pégala al dorso.

Donald

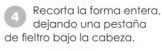

Minnie

Pluto

Daisy

PINOCHO
Pajitas de fiesta

Las pajitas son idóneas para representar la nariz de Pinocho, que crece cada vez que él dice una mentira. Podrás contar a todos que hiciste estas divertidas pajitas tú solo, ¡si no es mentira, claro!

Decora las pajitas
Este sencillo proceso transforma unas pajitas al instante.

Cara   Sombrero   Cabello   Pluma

Cuello y cinta

1 Esboza la cara de Pinocho para establecer formas y colores.

2 Recorta las formas y pégalas sobre cartulina.

Necesitarás:

- Lápiz
- Cartulina blanca
- Papel o cartulina de color
- Pegamento de barra
- Tijeras
- Bolígrafo negro
- Masilla adhesiva
- Pajitas articuladas (mejor si son reutilizables)

La pluma se coloca bajo la cinta azul.

Así se hace el agujero para la pajita.

3 Dibuja los ojos y la boca con bolígrafo negro.

4 Pide a un adulto que agujeree la cartulina con un lápiz afilado sobre masilla adhesiva.

5 Desliza la cara por una pajita. ¿Cuán larga harás la nariz?

Gorros de fiesta

No hay celebración completa en el Bosque de los Cien Acres sin globos, un tarro de miel y, por supuesto, ¡gorros de fiesta! Haz estos alegres gorros para tus amigos y que comience la diversión.

Necesitarás:

- Papel de calco
- Lápiz
- Cartulina de color
- Tijeras
- Pegamento o cinta adhesiva
- Perforadora
- Cinta elástica

Haz a Winnie the Pooh

Sigue estos pasos para hacer el gorro de Winnie the Pooh, o adapta el proceso a otros personajes.

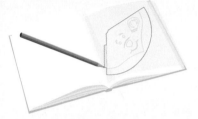

1 Calca los patrones de la p. 199.

2 Copia el patrón del cono sobre cartulina amarilla y recórtalo.

Winnie the Pooh

Usa tiras de papel rosa para el cuerpo de Piglet.

Piglet

3 Enrolla la cartulina formando un cono.

4 Pega la pestaña al interior del cono con pegamento o cinta adhesiva.

La pestaña se pega dentro del cono para mantener la forma del gorro.

5 Copia las orejas sobre cartulina amarilla y recórtalas con cuidado.

6 Copia los detalles de las orejas en cartulina blanca, recórtalos y pégalos a las orejas.

7 Dobla las pestañas de las orejas y pégalas al cono.

8 Copia la forma de la camisa de Pooh en cartulina roja y recórtala.

9 Pega la tira roja en torno a la parte inferior del gorro, con el pico por delante.

CONSEJO
Plasma a tu personaje por medio de rasgos característicos, como las orejas de Piglet o las rayas de Tigger.

Esboza la cara de Tigger en papel borrador antes de empezar.

10 Copia la nariz, los ojos, la boca y otros rasgos faciales sobre cartulina negra. Recórtalos y pégalos al gorro. Si lo prefieres, puedes pintar estos detalles.

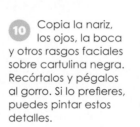

11 Haz un agujero a cada lado de la cara con una perforadora, cerca de la base del gorro.

12 Mide un trozo de cinta elástica que vaya de un agujero a otro y resulte cómodo en la barbilla.

13 Pasa la cinta elástica por ambos agujeros y haz un nudo en cada uno.

¿SABÍAS QUE...?
Winnie the Pooh vive en el Bosque de los Cien Acres con sus amigos Piglet, Tigger, Conejo, Ígor, Búho, Cangu y Rito.

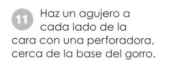

Tigger

Bolsas de fiesta

Estos coloridos personajes de *Toy Story* alegrarán la mesa de cualquier fiesta. Para todas las bolsas se utiliza la misma sencilla técnica: basta con adaptar colores y formas a tus juguetes favoritos.

Necesitarás:

- Bolsas de papel de distintos colores
- Cartulina fina de distintos colores
- Papel blanco
- Lápiz
- Tijeras
- Rotuladores
- Pegamento de barra

Decora las bolsas

Estas bolsas pueden contener la comida de una fiesta, o dulces para que los invitados se lleven a casa. Estos son los pasos para una bolsa Alien.

Resigue el contorno de la bolsa para obtener la forma adecuada.

Traje espacial

Cuello

Antena

Boca

Tres ojos

Dobla el tercio superior de la bolsa.

La boca sobresale del borde de la bolsa.

1 Dibuja en papel la cara que vas a hacer para ver qué partes necesitas.

2 Dibuja todas las partes sobre cartulina fina de color y recórtalas con cuidado.

3 Dibuja pupilas en los ojos con rotulador negro.

4 Pega todas las partes en la bolsa. Hay que pegar el cuello antes que el traje.

¡Estas bolsas también sirven para llevar el almuerzo!

CONSEJO
Prueba tu diseño en una bolsa antes de recortar muchas caras. Así sabrás que tu diseño se ajusta a las bolsas.

Lotso

Rex

Dientes pintados con bolígrafo.

Parte de la cara debe sobresalir en todas las bolsas.

Hamm

Alien

Puedes añadir rasgos extra como brazos, cejas y orejas.

Papel de regalo

Pon tu sello personal en tus regalos con este papel dinosáurico. Arlo y su familia dejan sus huellas manchándose las patas de barro, pero tú puedes usar pintura para hacer tus propias impresiones prehistóricas.

Necesitarás:

- Cartulina
- Tijeras o cúter
- Papel de envolver liso (sin dibujo)
- Pintura al agua
- Esponjas (sirven usadas)

Haz una plantilla

Una plantilla para imprimir facilita la tarea de cubrir una amplia superficie con una misma imagen repetida.

1 Usando el patrón de la p. 197, calca la silueta de Arlo.

2 Copia tu Arlo sobre un trozo de cartulina.

CONSEJO
Utiliza papel de envolver mate, no brillante, para que la pintura agarre. El papel de estraza va bien.

¿SABÍAS QUE...?

Arlo el Apatosaurus se hace amigo de un pequeño humano llamado Spot.

Estampa muchos dinosaurios en un patrón atractivo.

Procura que la pintura no sobrepase el borde de la plantilla.

Pide ayuda a un adulto para recortar los detalles menores.

3 Recorta la forma para obtener la plantilla.

4 Coloca la plantilla sobre el papel. Con una esponja, cubre con pintura el hueco de la plantilla. Repite el proceso las veces que quieras.

5 Deja secar el papel, ¡y ya puedes envolver tus regalos!

Usa la misma plantilla para hacer etiquetas a juego.

Cadenas de papel

Pon algo de la alegría de Mickey y Minnie en tu habitación con estas cadenas de papel. Son perfectas para fiestas o para alegrar cualquier lugar. ¡No hacen falta excusas para añadir algo de Disney a tu decoración!

Necesitarás:

- Papel de color
- Tijeras
- Cinta adhesiva
- Pegamento
- Pegatinas blancas redondas

Puedes variar el diseño a juego con los muchos vestidos de Minnie.

Prepara el papel

Una diferencia clave entre Mickey y Minnie es que esta lleva muchos lunares. Prepara papel para su vestido.

1 Cubre papel rosa de pegatinas blancas para hacer el vestido y el lazo de Minnie.

Espacia los lunares regularmente.

Junta las partes

Corta tiras de papel para hacer las cadenas. Estas pueden ser tan largas como quieras.

Puedes usar una regla para asegurarte de que las tiras de papel salen rectas.

1 Para las cadenas de Mickey, necesitarás:

Guantes

Cola

Usa papel negro sobrante de las piezas de cabeza para hacer las colas.

Cabeza de ratón con orejas

Cuerpo rojo con dos pegatinas

Pies amarillos

Las franjas blancas separan los distintos ratones.

Franja blanca

2 Para las cadenas de Minnie, necesitarás:

Cabeza de ratón con orejas

Cuerpo rosa moteado

Pies rosas

Franja blanca

Guantes

Lazo

Cola

¿SABÍAS QUE...?

En las primeras animaciones de Mickey, sus orejas aparecían redondas en cualquier posición.

Engarza los eslabones

Cuando tengas todas las partes, puedes engarzarlas en series de cuatro eslabones.

1 Dobla hacia atrás las orejas para que sobresalgan de la tira.

2 Pega los extremos de la tira de la cabeza con cinta.

3 Pasa la tira del cuerpo por la de la cabeza y une los extremos con cinta. Haz lo mismo con la de los pies y luego con la franja blanca.

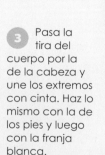

4 Decora los eslabones con guantes, colas y lazos.

5 Puede ser necesario redisponer los eslabones para alinear orejas, guantes y cola.

Bolígrafo-zanahoria

Judy Hopps demuestra que hasta una conejita puede ser un agente de policía excelente. Los puntos fuertes de Judy son su decisión, su habilidad y su bolígrafo-grabadora en forma de zanahoria.

Necesitarás:

- Arcilla de secado al aire
- Rodillo
- Bolígrafo
- Agua
- Lápiz
- Regla
- Pintura acrílica

Moldea la arcilla

Con una funda de arcilla, un bolígrafo normal se convierte en un extraordinario bolígrafo-zanahoria.

1. Amasa la arcilla con las manos para calentarla.

2. Moldea la arcilla en forma de zanahoria.

3. Aplana la forma ligeramente con un rodillo o con las manos.

4. Coloca el bolígrafo sobre la arcilla de modo que asome la punta.

5. Envuelve el bolígrafo con la arcilla y dale la forma final.

Un poco de agua ablanda la arcilla.

6. Sella la unión de la arcilla con un poco de agua.

Convierte el bolígrafo en zanahoria

Unos simples detalles y un poco de pintura transformarán tu bolígrafo de arcilla en una zanahoria de aspecto delicioso.

1. Haz un agujero con un lápiz en el extremo ancho de la zanahoria, donde irán las hojas.

2. Haz tres hojas con arcilla fresca y únelas por un extremo.

3. Moldea una tira de arcilla para sujetar las hojas.

4. Introduce las hojas en el agujero de la zanahoria. Rodea las hojas con la tira de arcilla para sujetarlas.

5. Con una regla, marca unas líneas en la zanahoria para darle textura.

6. Aplana dos pequeños óvalos con el rodillo, uno el doble de largo que el otro.

El óvalo con marcas parece un altavoz.

7. Usando agua, pega un óvalo a cada lado del medio de la zanahoria. Deja secar la arcilla al aire 48 horas.

8. Cuando la zanahoria esté seca, píntala de naranja y verde.

Judy pulsa este botón cuando quiere grabar.

Marcapáginas

Mientras crece encerrada en una torre, Rapunzel aprende sobre el mundo exterior en los libros. No pierdas la página en tu lectura: el largo cabello dorado de Rapunzel te recordará por dónde ibas.

Necesitarás:

- Papel de calco
- Lápiz
- Lápices de colores o pintura
- Cartulina blanca
- Tijeras
- Masilla adhesiva
- Cinta fina
- Cinta adhesiva

Construye la torre

El patrón de la p. 192 constituye la parte principal del marcapáginas, la torre de Rapunzel, oculta en lo profundo del bosque.

1 Calca el patrón de la p. 192 sobre papel de calco y cópialo sobre cartulina.

2 Colorea la torre, con lápices o pintura, y recórtala.

La punta de la torre te ayuda a encontrar la página.

Suelta el pelo de Rapunzel

De la ventana de la torre salen mechones del cabello de Rapunzel, como saldrán de tu libro.

1 Pon una pequeña bola de masilla adhesiva bajo la ventana marcada.

2 Perfora la cartulina sobre la masilla adhesiva con un lápiz.

3 Corta tres trozos de cinta de 50 cm de largo.

4 Pasa los trozos de cinta por el agujero de la ventana y fíjalos detrás con cinta adhesiva.

5 Trenza las cintas hasta abajo.

6 Haz un nudo en la base de la trenza, y remátala con un bonito lazo de cinta.

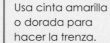

Usa cinta amarilla o dorada para hacer la trenza.

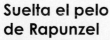

Monstruos peludos

Los monstruos de Monstruos University quieren intimidar y asustar, pero la mayoría tiene buen corazón, y las bolas de pelo de colores son de lo más mono, sobre todo convertidas en pompones.

Necesitarás:

- Cartón duro
- Vasos o un compás
- Lápiz
- Tijeras
- Aguja
- Hilo de lana de color

Haz dos anillos

Es fácil y divertido hacer pompones. ¿Cómo los harás? ¿De tamaño monstruoso o pequeños como Mike?

Cuanto mayor sea el diámetro exterior del círculo, mayor será el pompón.

Cuanto más fino sea el anillo, más peludo será el pompón.

1 Dibuja dos círculos idénticos de 8 cm de diámetro sobre el cartón. Puedes usar un compás o pasar un lápiz alrededor del borde de un vaso.

2 Dibuja un círculo menor dentro de cada círculo y recorta el interior. Quedarán dos anillos.

Envuelve los anillos

Puedes hacer ojos y manchas en tus pompones con hilo de un color distinto. Los pompones son simétricos, así que cada detalle de un lado se repetirá en el otro. Sigue estos pasos para hacer un pompón de Mike Wazowski.

1 Coloca un anillo de cartón encima del otro.

2 Empieza a envolver los anillos con hilo negro, pasándolo por el agujero. Sujeta juntos los anillos hasta haber atado las primeras vueltas.

3 Sigue hasta que hayas dado unas 20 vueltas.

Mantén junto todo el hilo negro.

4 Envuelve el hilo negro en una fina capa de hilo azul, más ancha que la negra por ambos lados.

5 Añade una capa de hilo blanco de unas seis vueltas de grosor para cubrir el hilo azul.

6 Envuelve todo el anillo en hilo verde. Al acabar una hebra, empieza con otra desde el borde exterior del anillo.

Al terminar con cada color, sujeta el hilo debajo de una vuelta.

Mantén una forma y un tamaño uniformes para que también lo sea el resultado final.

⚠ 7 Cuando el agujero central sea demasiado pequeño para pasar el hilo, usa una aguja hasta que no haya agujero.

Despliega tu monstruo

Cuando el pompón no admita más hilo, es el momento de abrirlo y revelar al monstruo peludo.

1 Inserta unas tijeras entre los dos anillos, y corta todo el hilo alrededor.

2 Corta un trozo largo de hilo verde y pásalo entre los anillos y alrededor del pompón. Apriétalo tan fuerte como puedas y anúdalo. Dale otra vuelta, tira fuerte y anuda otra vez.

Este hilo mantiene el pompón de una pieza.

Deja largo el hilo si quieres colgar el pompón.

3 Una vez bien atado el pompón, extrae o arranca los anillos de cartón.

4 Reparte el hilo para que el pompón quede redondo. Recorta las hebras largas para igualar la superficie.

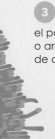

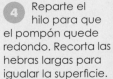

Las hebras dispersas dan un efecto moteado.

Terri (izda.) y Terry (dcha.) Perry

También puedes hacer pompones con dos ojos.

Art

¡Añade limpiapipas para dar vida a tus pompones!

Mike Wazowski

James P. Sullivan («Sulley»)

¿SABÍAS QUE...?
Los monstruos asustan a los niños para abastecer su mundo de sus gritos, como hacemos nosotros con la electricidad.

Pulseras de amuletos

Las princesas Disney expresan su estilo personal con su ropa y sus complementos. Usa los colores y los símbolos particulares de las princesas para hacer pulseras de amuletos, o crea tus propios diseños.

Necesitarás:

- Papel y lápiz
- Plástico mágico
- Rotuladores permanentes
- Rotuladores de purpurina (opcional)
- Tijeras

- Perforadora
- Horno
- Papel sulfurizado
- Bandeja de horno
- Eslabones de bisutería
- Alicates
- Cinta de colores

Haz tus amuletos

Los diseños en plástico mágico menguan en el horno, pero se vuelven más gruesos y nítidos.

No emplees ceras ni pintura de base oleosa. ¡La tinta se fundirá en el horno!

1 Diseña primero tus amuletos en papel.

2 Dibuja tus diseños sobre el plástico mágico con rotulador permanente o de purpurina. Lo mejor es que tengan un diámetro de unos 7 cm.

¡Deja espacio para perforar!

3 Recorta los amuletos, dejando un margen de 0,5 cm. Ten cuidado con los bordes afilados.

4 Decide cómo debe colgar cada amuleto y haz un agujero en el lugar correspondiente.

Hornea los amuletos

Pide a un adulto que hornee los amuletos. Saldrán calientes del horno: ¡no los toques hasta que se enfríen!

1 Pon los amuletos sobre papel sulfurizado en la bandeja de horno.

2 Pide a un adulto que hornee los amuletos durante 2 minutos en el horno precalentado a 160 °C, vigilándolos.

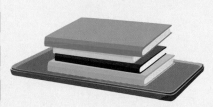

3 Pide a un adulto que saque los amuletos del horno y prénsalos de inmediato con algo plano y pesado, como otra bandeja de horno con libros encima.

4 Cuando se hayan enfriado, pide a un adulto que coloque un eslabón de bisutería a cada amuleto con unos alicates.

Corta las cintas con una longitud suficiente para rodear tu muñeca una vez trenzadas.

5 Trenza las tres cintas.

6 Mientras las trenzas, inserta los amuletos a intervalos regulares. Ata el extremo, ¡y ya puedes lucir tus creaciones!

PRUEBA ESTO

Algunos tipos de plástico mágico se pueden imprimir; comprueba si el tuyo es de ese tipo.

Rapunzel

Puedes añadir a tu pulsera cordones finos o abalorios.

Ariel

Un tenedor, al que Ariel llama «peine»

Cenicienta

Tiana

Blancanieves

Escoge el color de cinta que representa a cada princesa.

Tus recuerdos

En la mente de Riley, sus recuerdos se almacenan en las llamadas esferas de memoria. Registra tus recuerdos en estas esferas decorativas. ¡Son exclusivamente tuyos!

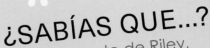

Necesitarás:

- Esferas de plástico transparente de dos piezas
- Cola blanca
- Esponja o pañuelos de papel
- Purpurina dorada
- Papel de periódico
- Objetos que te recuerden momentos felices
- Lazos o cinta dorada
- Hilo dorado

Enmarca tus recuerdos

Muchas tiendas de manualidades venden esferas de plástico de dos piezas. Son un buen marco para objetos o imágenes especiales.

Extiende la cola hasta los bordes.

1 Separa una esfera en sus dos mitades.

2 Cubre el interior de una mitad con cola blanca.

3 Extiende la cola por igual con una esponja o un pañuelo. Cubre toda la superficie.

4 Espolvorea purpurina dorada en la mitad encolada y déjala secar. Sacude el exceso sobre un periódico y devuélvelo a su recipiente.

5 Coloca en la media esfera un objeto especial que te traiga un recuerdo feliz. Puedes pegarlo para que no se mueva.

6 Junta las dos mitades de la esfera.

7 Pega un lazo dorado encima, o ata uno hecho con cinta.

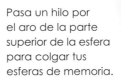

Pasa un hilo por el aro de la parte superior de la esfera para colgar tus esferas de memoria.

Las esferas se pueden abrir y volver a montar una y otra vez.

La purpurina dorada
evoca recuerdos felices.

¡Solo tú sabes lo
que significan estos
objetos para ti!

CONSEJO
Además de
objetos, puedes
poner en tus esferas
fotografías de
momentos
felices.

Organizador de horquillas

Usa el poder del cabello de Rapunzel para organizar tus complementos para el pelo. Esta hermosa trenza evitará que tus horquillas se pierdan, y además sirve de muestrario.

Necesitarás:

- Cinta medidora
- Tijeras
- 12 hebras de hilo amarillo de 80 cm de largo
- 80 hebras de hilo amarillo de 160 cm de largo
- Hilo amarillo extra
- 80 cm de cinta rosa estrecha
- 80 cm de cinta morada estrecha
- Cinta morada ancha (suficiente para dos lazos)

Mini trenza

Corta el hilo y las cintas antes de empezar. Esta trenza irá inserta en la principal.

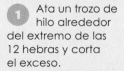

1 Ata un trozo de hilo alrededor del extremo de las 12 hebras y corta el exceso.

2 Divide las hebras en tres haces y trénzalos.

3 Asegura el final de la trenza con un trozo de hilo y corta el exceso.

Trénzalo todo

Todas las hebras de hilo se doblan por la mitad. Así se da grosor a la trenza y queda un extremo pulido.

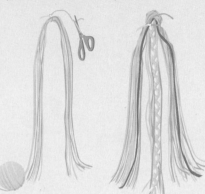

1 Reúne las hebras de hilo y dóblalas por la mitad.

2 Coloca la mini trenza y los dos trozos de cinta estrecha sobre el hilo.

3 Ata el haz entero con hilo, justo por debajo del extremo doblado.

4 Divide el hilo en tres haces iguales: uno con la mini trenza, otro con la cinta rosa y otro con la cinta morada.

CONSEJO

Para hacer una trenza bonita y apretada, pide a alguien que sujete el extremo, o fíjalo a algo que no se mueva.

Los lazos de cinta ocultan el hilo que sujeta la trenza.

Las horquillas se enganchan y retiran fácilmente.

5 Trenza los tres haces. Hazlo de modo que las cintas y la mini trenza resulten visibles.

7 Oculta los nudos de hilo de los extremos con lazos de cinta morada.

6 Cuando hayas terminado la trenza, asegúrala con un hilo corto: haz un nudo prieto y corta el exceso.

8 Cuelga la trenza en un gancho y coloca en ella tus horquillas.

Esta trenza mide 80 cm, pero puedes hacerla tan larga como quieras.

Una trenza fina recorre la principal.

¿SABÍAS QUE...?

Cuando Rapunzel canta, su cabello reluce y tiene poderes curativos. Pero cuando se lo corta, pierde su poder.

Colgantes de amistad

¿Tienes algún amigo o amiga a quien le encante Disney? Comparte un símbolo de amistad con este collar que se convierte en dos colgantes: conserva uno tú y dale el otro a esa persona especial para ti.

Necesitarás:

- Papel
- Lápiz
- Tijeras
- Arcilla polimérica
- Rodillo
- Papel film
- Cuchillo de mesa
- Horno
- Bandeja de horno
- Pajita
- Cola blanca
- Cordón o cinta de color

Haz un patrón

La cabeza de Mickey Mouse es una forma tan icónica como simple: basta con dibujar tres círculos solapados. Para ello puedes usar objetos circulares como monedas o tapas.

1 Dibuja la cabeza de Mickey en papel. Recórtala para obtener tu patrón.

Extiende la arcilla

Puedes usar un solo color, pero para hacer un collar más original, mezcla varios colores.

1 Precalienta el horno, siguiendo las instrucciones del paquete.

2 Elige colores que te parezca que combinan bien.

3 Para obtener el efecto marmoleado, extiende una bola de un color de 2,5 cm de diámetro y añade otras menores de otros colores.

4 Sigue extendiendo y añadiendo bolitas hasta que te guste el diseño.

5 Continúa hasta que obtengas una buena mezcla de colores y la arcilla tenga unos 2 cm de grosor.

Haz el collar

Ahora tienes el patrón y la arcilla, así que ya puedes moldear y hornear el collar.

1 Coloca el patrón de Mickey sobre la arcilla y corta alrededor con un cuchillo de mesa.

2 Perfora ambas orejas con la pajita.

3 Corta en zigzag para dividir la cabeza de Mickey en dos mitades.

4 Coloca ambas piezas en la bandeja de horno

Para obtener un patrón listado, junta colores a lo largo en forma de salchicha.

Destellos creados añadiendo trocitos de papel de aluminio

5 Pide a un adulto que las hornee, siguiendo las instrucciones del paquete. Déjalas enfriar.

6 Cubre las piezas con cola blanca. Esto hará que brillen.

7 Para convertir el collar en colgante, dobla por la mitad el cordón o la cinta y pásalo por el agujero.

8 Pasa los extremos por el lazo y tira. No aprietes mucho el nudo de los extremos, para que sea fácil quitárselo.

CONSEJO
Cuando extiendas la arcilla, cúbrela con papel film para que no se ensucie.

Robot reciclado

WALL•E es un robot que elimina basura aplastándola en cubos. ¿Por qué no reciclar tus desechos utilizándolos para construir tu propio WALL•E? Es la maqueta de reciclaje perfecta.

Necesitarás:

- Tubos de cartón
- Cartón ondulado
- Tijeras
- Pegamento
- 2 cápsulas de plástico de máquina de café
- Lata de refresco de 150 ml
- Caja de cartón cuadrada

- Papel de estraza o pintura marrón
- Pintura dorada y pincel
- Cartón fino
- 2 pajitas articuladas metalizadas
- Lápiz
- Cinta de doble cara (opcional)

Las ruedas de WALL•E
WALL•E puede transitar por el terreno más irregular gracias a sus ruedas de oruga.

Con tubos de distinto diámetro se hacen ruedas como las de WALL•E.

1 Corta seis tubos de la misma longitud.

2 Une los tubos con pegamento en dos grupos de tres.

3 Corta dos tiras de cartón ondulado a medida para envolver los dos grupos de tubos.

Si el cartón ondulado tiene las dos caras lisas, quita una de ellas para exponer la superficie ondulada.

4 Envuelve los dos grupos con las tiras y pégalas en su lugar.

Los ojos de WALL•E
Usa cartón y cápsulas de café para hacer los sensores audiovisuales de WALL•E.

1 Une con cinta la boca de cada cápsula de café con un tubo de cartón.

2 Corta dos tiras de cartón ondulado y envuelve las cápsulas de café en forma de lágrima.

3 Pega los ojos entre sí y simétricamente, como en la imagen.

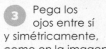

Júntalo todo
La sección compactadora del cuerpo de WALL•E es la parte central del robot reciclado.

1 Pinta la caja de marrón o fórrala con papel de estraza. Añade los detalles con pintura negra.

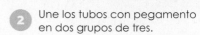

Usa pegamento si es necesario.

2 Pega las ruedas al cuerpo con pegamento o cinta de doble cara.

3 Corta dos pequeños cuadrados de cartón fino para las manos. Recorta una sección de cada una, como en la imagen.

4 Corta una ranura en el extremo de la parte larga de cada pajita, e inserta una mano.

5 Pide a un adulto que haga dos agujeros en la caja con un lápiz, uno sobre cada rueda.

Las pajitas articuladas permiten mover los brazos.

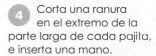

6 Pinta la lata de color dorado.

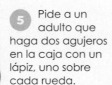

7 Usando pegamento o cinta de doble cara, pega los ojos a la lata, y esta encima de la caja.

WALL•E

¿SABÍAS QUE...?
WALL•E son las siglas en inglés de «Portacargas de Distribución de Desechos: Clase Terrestre». WALL•E se hace amigo de EVA, «Evaluadora de Vegetación Extraterrestre».

Para el cuello, puedes usar un tubo de cartón pintado en vez de una lata.

Las cajas de embalaje suelen ser de cartón ondulado.

Bichos de huevera

Flik es una ingeniosa hormiga que siempre halla un modo nuevo de ver las cosas. He aquí un modo creativo de reproducirle a él y a sus amigos. ¡Puedes hacer una colonia entera de hormigas con hueveras!

Necesitarás:

- Huevera de media docena
- Tijeras
- Pintura
- Pincel
- Lápiz
- 6–8 limpiapipas para cada hormiga
- Pegamento
- Cinta adhesiva
- Bolígrafo negro

Corta el cartón

Estos trozos de huevera sirven para hacer a Flik o a cualquier otra hormiga de la colonia.

1 Corta la tapa de la huevera.

2 Corta el cartón por el medio para tener dos hileras de tres copas.

3 Arregla el contorno con las tijeras.

4 Corta la hilera B para que sea menos profunda que la A: debe caber dentro de ella.

5 Corta las copas inferiores de ambas hileras por la mitad para que se tengan en pie.

Corta por aquí.

Para terminar

¡Ya es hora de que salgan bichos de los huevos!

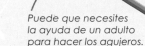

Puede que necesites la ayuda de un adulto para hacer los agujeros.

1 Pinta las dos hileras de la huevera de azul.

2 Con un lápiz, haz dos agujeros en la parte inferior de A para las patas.

3 Introduce un limpiapipas en cada agujero.

4 Dobla las patas para hacer las rodillas, y riza los extremos para hacer los pies.

5 Fija los limpiapipas por dentro del cartón con cinta adhesiva.

6 Con un lápiz, haz dos pequeños agujeros en la parte superior de B para las antenas.

7 Inserta dos limpiapipas azules para hacer las antenas.

8 Dobla cada antena por la mitad y riza el extremo.

9 Haz otros dos agujeros a ambos lados de B para los brazos.

10 Añade dos brazos de limpiapipas. Dóblalos por la mitad y riza los extremos para hacer las manos.

La huevera da la forma de la nariz.

Dobla los limpiapipas para cambiar la postura o la expresión.

11 Pega la hilera B dentro de la A y déjalo secar.

12 Pinta los grandes ojos blancos y la boca.

13 Una vez seco, añade detalles con bolígrafo.

Escoge la pose de tus personajes doblando los miembros.

Flik

Princesa Atta

CONSEJO
Si hay algún agujero en la huevera, tápalo con cinta de pintor antes de pintar.

¿SABÍAS QUE...?
La princesa Atta, hormiga heredera de la corona, está aprendiendo a gobernar la colonia para poder sustituir a su anciana madre, la reina.

Opción Atta
Con unos retoques del proceso usado para hacer a Flik, puedes hacer a Atta.

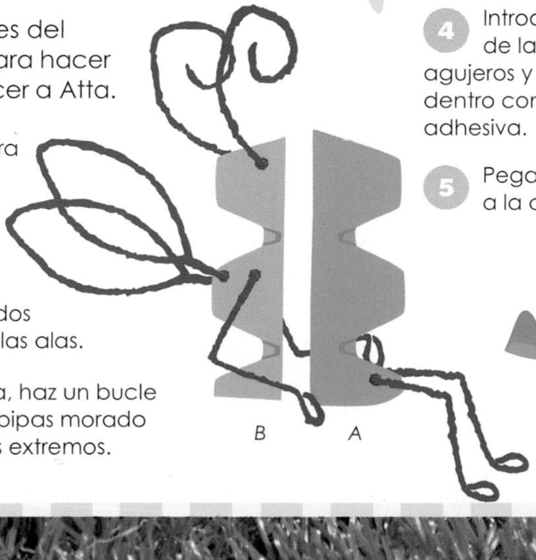

1. Pinta la huevera de morado.

2. Tras haber añadido brazos, patas y antenas, haz otros dos agujeros en B para las alas.

3. Para cada ala, haz un bucle con un limpiapipas morado y retuerce juntos los extremos.

B   A

4. Introduce la punta de las alas por los agujeros y fíjala por dentro con cinta adhesiva.

5. Pega una hilera a la otra.

6. Recorta la corona de Atta en papel verde, y pégala a su cabeza.

7. Añade unas pestañas con bolígrafo negro.

Muñeco de Olaf

¿Quieres hacer un muñeco de nieve? No hace falta que esperes a que nieve para hacer a Olaf. ¡Sigue estos pasos para reproducir al muñeco de nieve más feliz del mundo!

Necesitarás:

- Fieltro negro y naranja
- Tijeras
- Calcetín blanco
- Taza medidora
- Arroz crudo
- Cola blanca
- Gomas elásticas pequeñas y transparentes
- Ojos saltones
- Dos pompones blancos

Antes de empezar

Olaf es un muñeco de nieve muy singular. Usa fieltro para plasmar rasgos como su gran sonrisa y su pelo de ramitas.

1 Recorta las piezas de fieltro.

Nariz: semicírculo naranja

Pelo

Tres botones

Dos brazos

Boca

Dos cejas

Diente

Transforma tu calcetín

Relleno de arroz, Olaf será lo bastante estable para tenerse en pie.

1 Llena una taza de arroz y viértelo en el calcetín.

2 Presiona hacia abajo para que quede apretado y forme una bola.

3 Ata el calcetín por encima de la bola de arroz con una goma elástica.

Recorta el calcetín por arriba si es muy largo.

Usa 3/4 de taza de arroz para la cabeza.

Usa media taza de arroz para el tronco.

4 Repite los pasos 1 a 3 para rellenar el tronco y la cabeza. Toma nota de las distintas cantidades.

5 Fija unas bolas a otras con pegamento.

6 Enrolla la pieza de fieltro naranja en forma de cono, como una zanahoria, y pégala.

7 Pega la nariz de zanahoria y los ojos en la cara.

8 Pega las piezas de fieltro negro y marrón.

9 Pega el diente blanco en la parte superior de la boca.

10 Pega dos pompones al cuerpo, a modo de pies. Procura no pegar nada a la mesa.

¿SABÍAS QUE...?

Olaf fue creado por la magia de Elsa. Este muñeco que anda, habla y baila está siempre dispuesto a ayudar a quien lo necesite.

Usa gomas elásticas transparentes, pues la superior se verá.

Los snowgies surgen cuando Elsa estornuda.

Snowgies

Olaf

Amigos snowgies

Dale a Olaf la compañía de estos adorables mini snowgies. Tan solo necesitas pompones blancos, fieltro negro y pegamento.

1 Recorta una boca y dos ojos en fieltro negro.

2 Pega juntos dos pompones blancos.

3 Añade dos mini pompones como pies.

4 Pega los detalles de la cara.

Patrones

Estos patrones te ayudarán a hacer muchos de los proyectos de este libro. Para obtener los mejores resultados, pon papel de calco sobre el patrón y calca la silueta con un lápiz afilado. Luego, da la vuelta al papel y colócalo encima del material que quieres recortar o colorear. Repasa la silueta al dorso del papel de calco con el lápiz. Cuando retires el papel, verás que los trazos del lápiz se han transferido al material: ahora puedes recortarlo o colorearlo.

Croquet de flamencos
p. 53

Flamenco: 1 pieza (Este patrón es para usar el flamenco con la mano dcha. Para usarlo con la izda., dale la vuelta.)

Máscaras animales
pp. 18–19

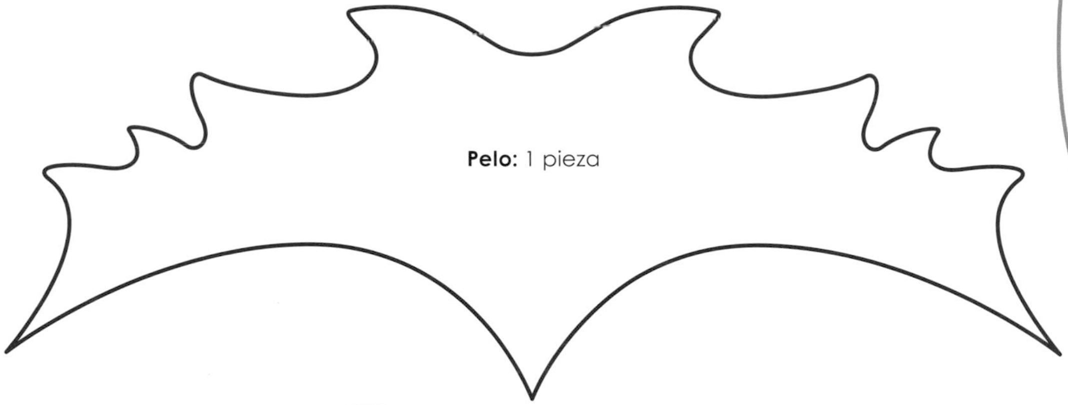

Pelo: 1 pieza

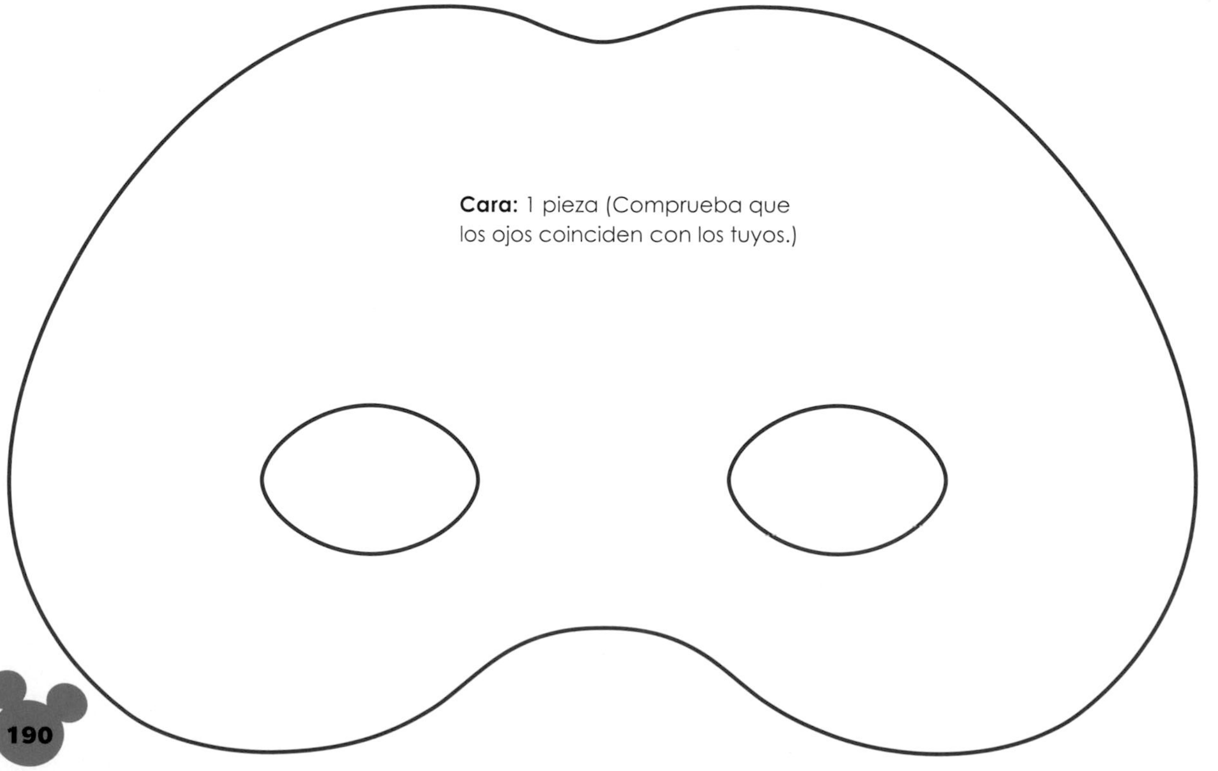

Cara: 1 pieza (Comprueba que los ojos coinciden con los tuyos.)

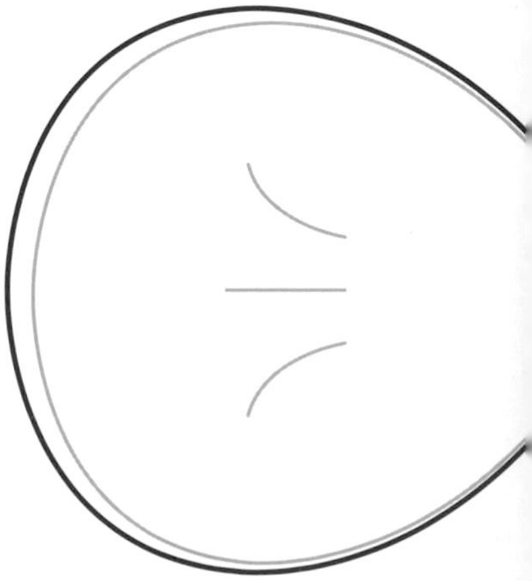

Oreja: 2 piezas

Melena: 1 pieza

Ojo: 2 piezas

Morro: 1 pieza

Nariz: 1 pieza

Pelo: 1 pieza

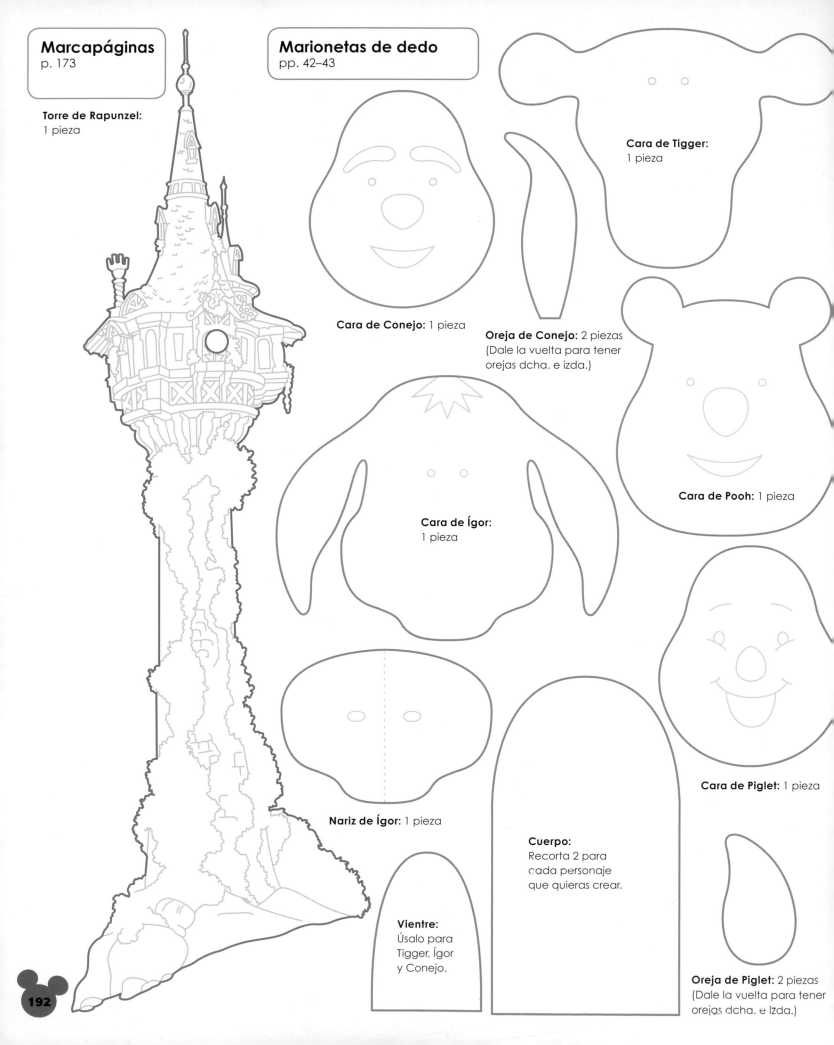

Marcapáginas
p. 173

Torre de Rapunzel:
1 pieza

Marionetas de dedo
pp. 42–43

Cara de Tigger:
1 pieza

Cara de Conejo: 1 pieza

Oreja de Conejo: 2 piezas
(Dale la vuelta para tener
orejas dcha. e izda.)

Cara de Ígor:
1 pieza

Cara de Pooh: 1 pieza

Nariz de Ígor: 1 pieza

Cara de Piglet: 1 pieza

Cuerpo:
Recorta 2 para
cada personaje
que quieras crear.

Vientre:
Úsalo para
Tigger, Ígor
y Conejo.

Oreja de Piglet: 2 piezas
(Dale la vuelta para tener
orejas dcha. e izda.)

192

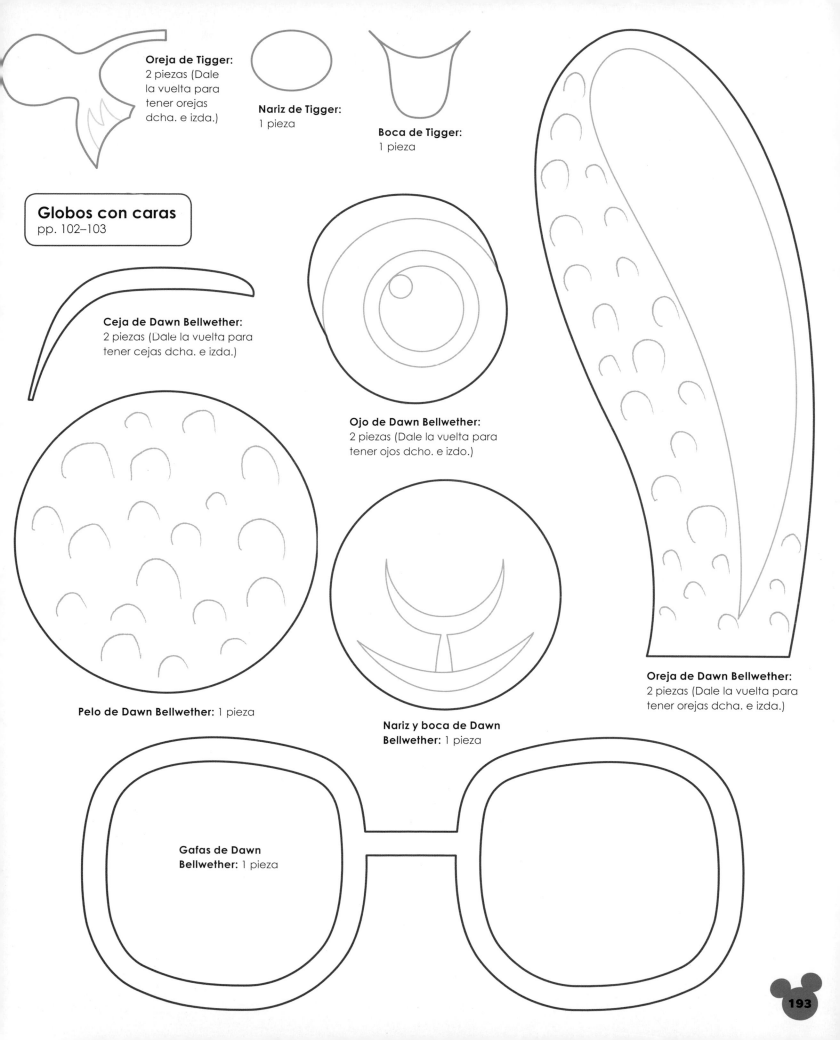

Oreja de Tigger:
2 piezas (Dale la vuelta para tener orejas dcha. e izda.)

Nariz de Tigger:
1 pieza

Boca de Tigger:
1 pieza

Globos con caras
pp. 102–103

Ceja de Dawn Bellwether:
2 piezas (Dale la vuelta para tener cejas dcha. e izda.)

Ojo de Dawn Bellwether:
2 piezas (Dale la vuelta para tener ojos dcho. e izdo.)

Pelo de Dawn Bellwether: 1 pieza

Nariz y boca de Dawn Bellwether: 1 pieza

Oreja de Dawn Bellwether:
2 piezas (Dale la vuelta para tener orejas dcha. e izda.)

Gafas de Dawn Bellwether: 1 pieza

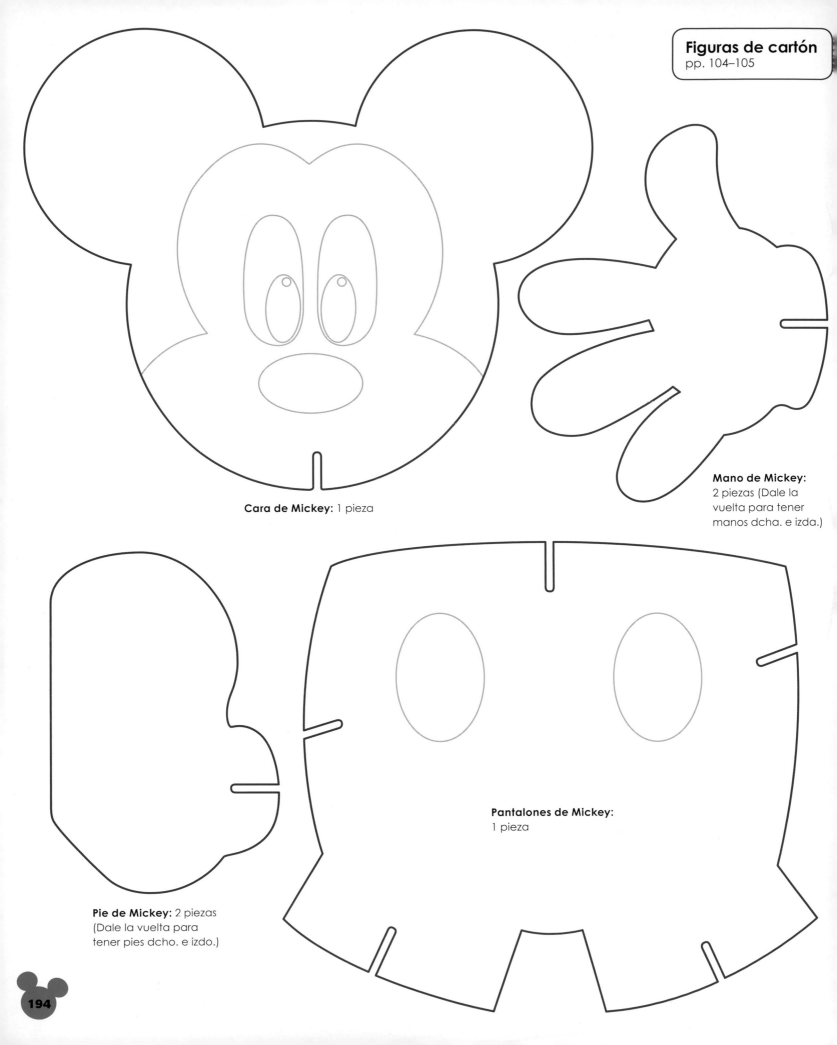

Mano de Mickey:
2 piezas (Dale la
vuelta para tener
manos dcha. e izda.)

Cara de Mickey: 1 pieza

Pantalones de Mickey:
1 pieza

Pie de Mickey: 2 piezas
(Dale la vuelta para
tener pies dcho. e izdo.)

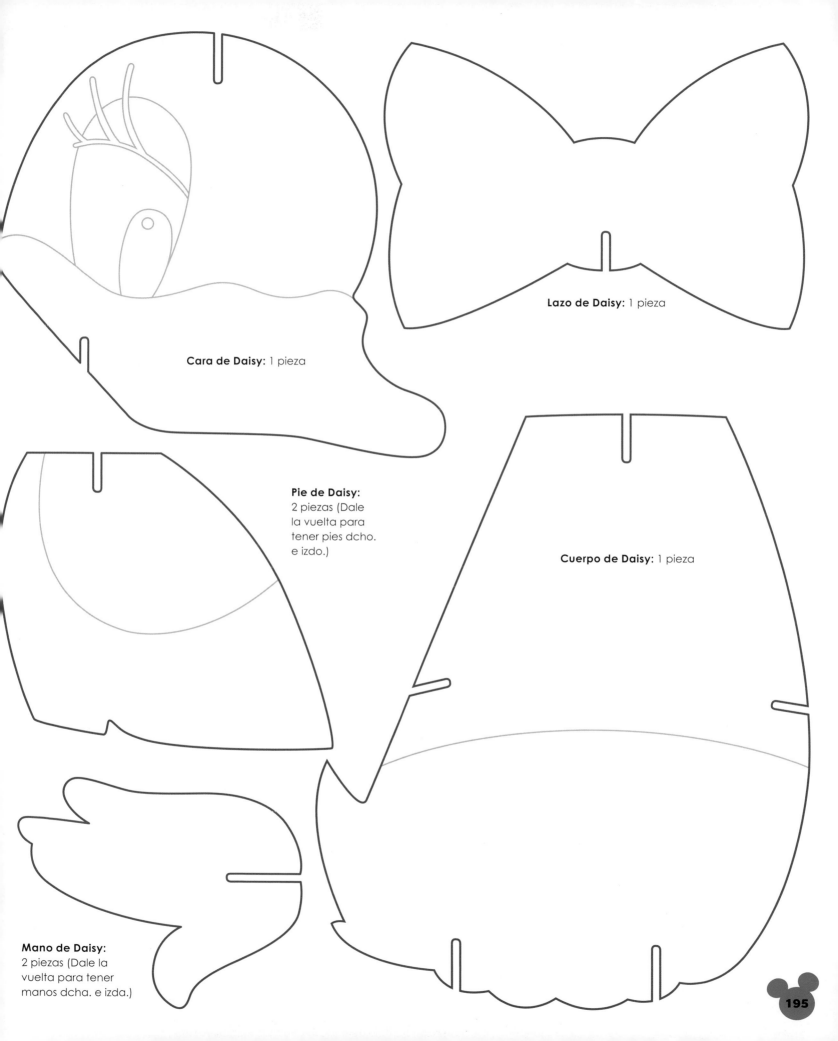

Cara de Daisy: 1 pieza

Lazo de Daisy: 1 pieza

Pie de Daisy:
2 piezas (Dale
la vuelta para
tener pies dcho.
e izdo.)

Cuerpo de Daisy: 1 pieza

Mano de Daisy:
2 piezas (Dale la
vuelta para tener
manos dcha. e izda.)

195

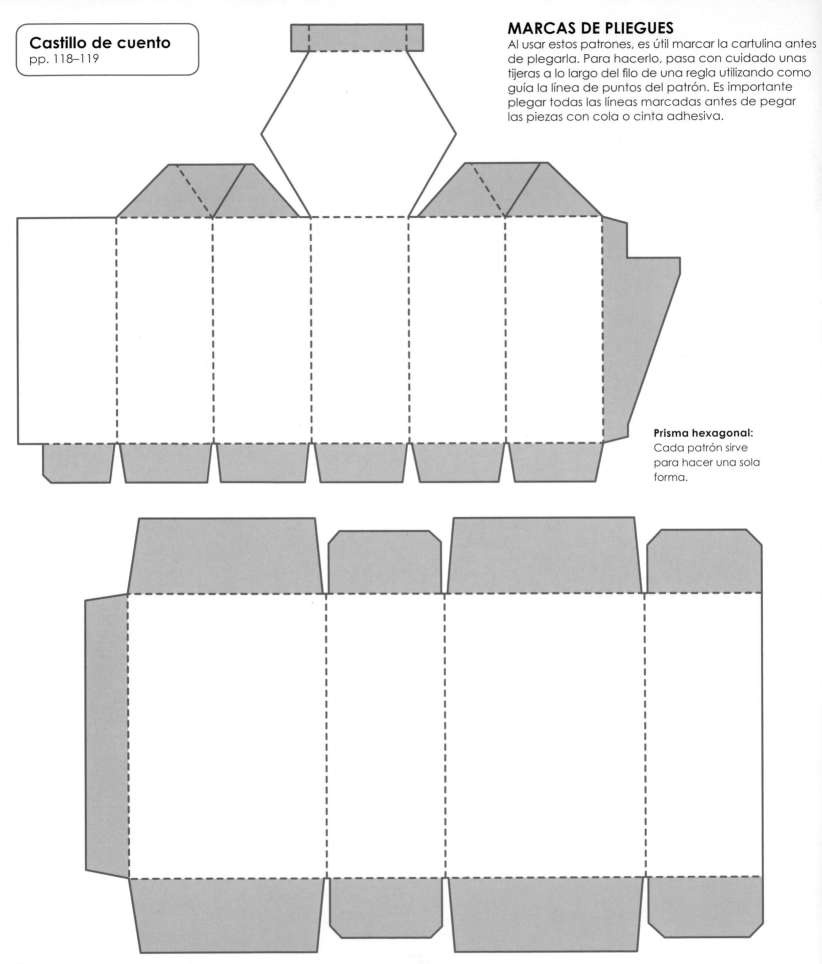

Castillo de cuento
pp. 118–119

MARCAS DE PLIEGUES

Al usar estos patrones, es útil marcar la cartulina antes de plegarla. Para hacerlo, pasa con cuidado unas tijeras a lo largo del filo de una regla utilizando como guía la línea de puntos del patrón. Es importante plegar todas las líneas marcadas antes de pegar las piezas con cola o cinta adhesiva.

Prisma hexagonal: Cada patrón sirve para hacer una sola forma.

Ortoedro: Cada patrón sirve para hacer una sola forma.

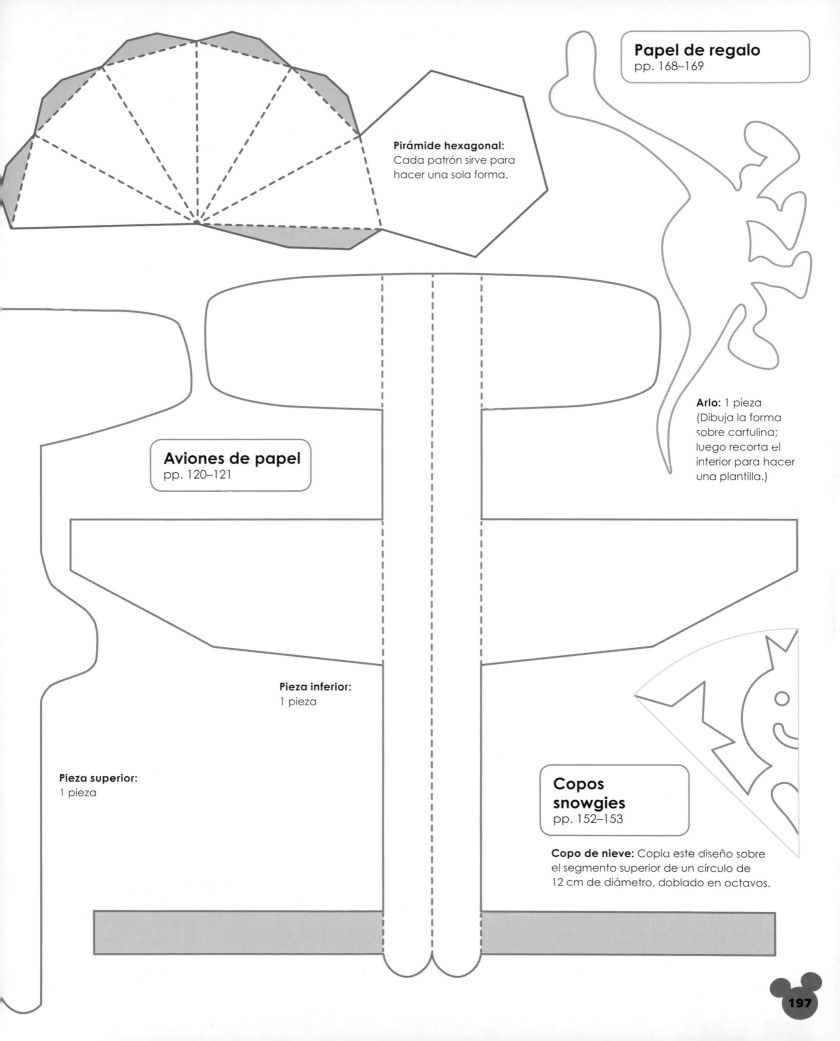

Papel de regalo
pp. 168–169

Pirámide hexagonal:
Cada patrón sirve para hacer una sola forma.

Arlo: 1 pieza
(Dibuja la forma sobre cartulina; luego recorta el interior para hacer una plantilla.)

Aviones de papel
pp. 120–121

Pieza inferior:
1 pieza

Pieza superior:
1 pieza

Copos snowgies
pp. 152–153

Copo de nieve: Copia este diseño sobre el segmento superior de un círculo de 12 cm de diámetro, doblado en octavos.

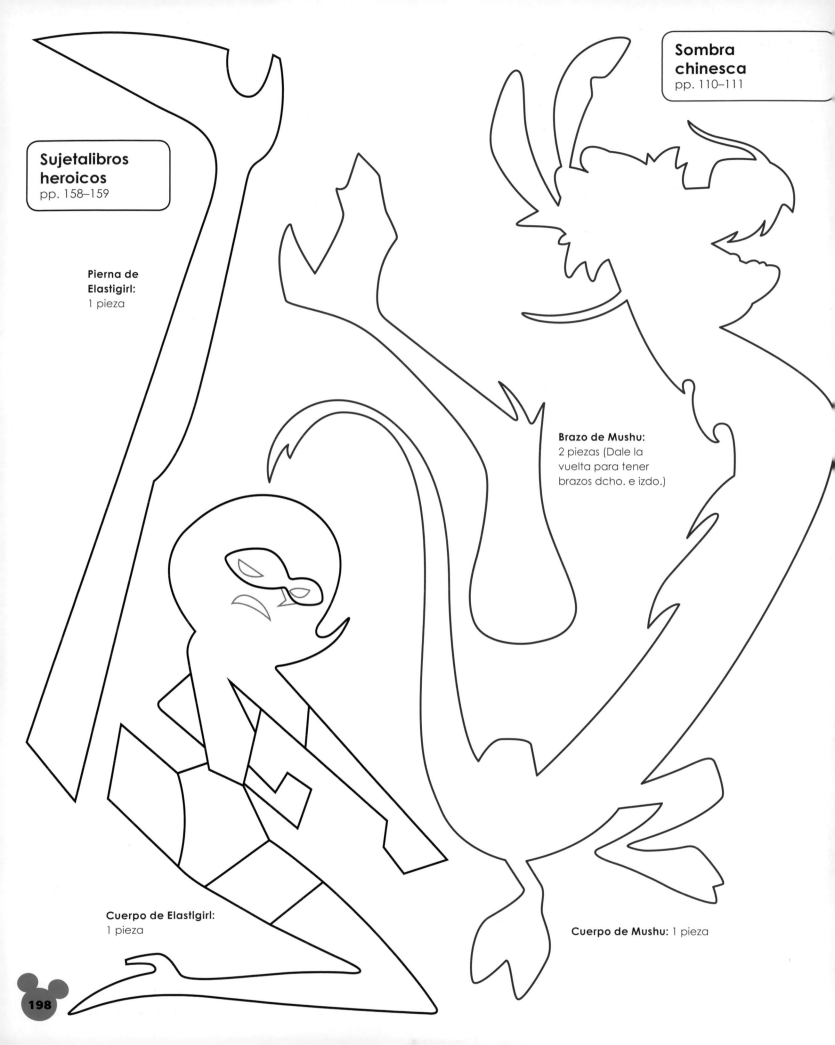

Sujetalibros heroicos
pp. 158–159

Pierna de Elastigirl:
1 pieza

Sombra chinesca
pp. 110–111

Brazo de Mushu:
2 piezas (Dale la vuelta para tener brazos dcho. e izdo.)

Cuerpo de Elastigirl:
1 pieza

Cuerpo de Mushu: 1 pieza

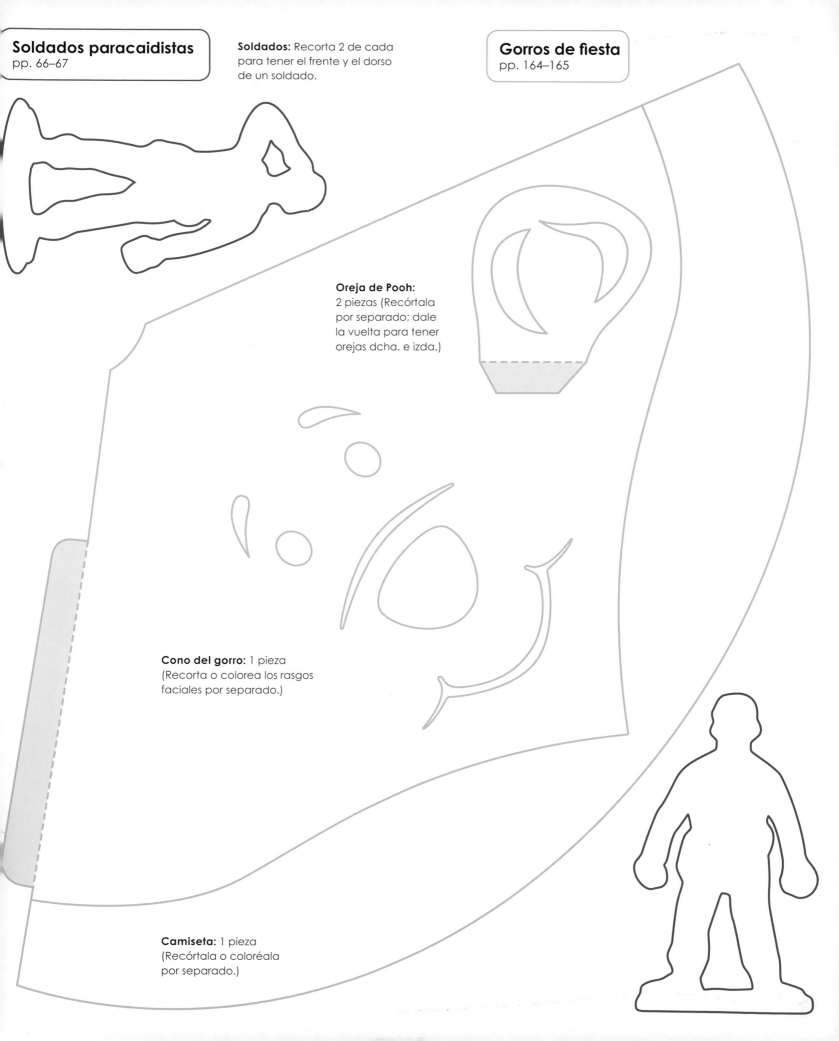

Soldados paracaidistas
pp. 66–67

Soldados: Recorta 2 de cada para tener el frente y el dorso de un soldado.

Gorros de fiesta
pp. 164–165

Oreja de Pooh:
2 piezas (Recórtala por separado; dale la vuelta para tener orejas dcha. e izda.)

Cono del gorro: 1 pieza (Recorta o colorea los rasgos faciales por separado.)

Camiseta: 1 pieza (Recórtala o coloréala por separado.)

Edición sénior Emma Grange y Elizabeth Dowsett
Diseño sénior Lynne Moulding y Joe Scott
Edición del proyecto Lisa Stock
Edición de arte del proyecto Jenny Edwards
Diseño Rosamund Bird y Lisa Sodeau
Asistencia editorial Natalie Edwards
Auxiliar de diseño Akiko Kato
Preproducción Siu Yin Chan
Producción sénior Mary Slater
Coordinación editorial Sadie Smith
Coordinación de arte Vicky Short
Maquetación Sunil Sharma y Radjeep Singh
Coordinación de publicaciones Julie Ferris
Dirección de arte Lisa Lanzarini Öhlander
Dirección de publicaciones Simon Beecroft

Ilustración Lynne Moulding
Creación de maquetas Dominique Sayers, Little Button Diaries,
Akiko Kato, Lynne Moulding, Natalie Edwards, Anni Sander,
Jade Wheaton, Vicky Short, Lisa Lanzarini y Emma Grange
Fotografía Dave King y Lol Johnson

Publicado originalmente en Gran Bretaña
en 2018 por Dorling Kindersley Limited
80 Strand, London, WC2R 0RL4

Parte de Penguin Random House

Título original: *The Disney Ideas Book*
Primera edición 2019

© Traducción en español 2019 Dorling Kindersley Limited

Copyright del diseño de página © 2018 Dorling Kindersley Limited

Servicios editoriales: deleatur, s.l.
Traducción: Antón Corriente Basús

ISBN 978-1-4654-8527-4

Impreso y encuadernado en China

UN MUNDO DE IDEAS
www.dkespañol.com
www.disney.com

Agradecimientos

DK expresa su agradecimiento a: Disney Family por
su inspiración y el permiso para reproducir algunos de
sus maravillosos proyectos; Chelsea Alon, Julia Vargas
y Stephanie Everett de Disney Publishing; Gary Ombler y
Clare Winfield por el trabajo adicional de fotografía;
Charlie Goodge por su ayuda en la fotografía; Dena y
Tali Stock por el desarrollo de la idea; Nicola Torode
y MTS por la asesoría sobre seguridad; Eitan y Joshua
Black, Florence Hatswell, Lady Arianna Nyamteh, Lily
Maia Öhlander, Amari y Nevaeh Osivwemu y Alex Park
por la construcción de maquetas; Tim Quince por la
documentación gráfica; Chris Gould, Rhys Thomas y
Abi Wright por su ayuda en el diseño; Shari Last y Matt
Jones por el trabajo editorial adicional; las editoras
estadounidenses Kayla Dugger y Lori Hand; Julia
March por la corrección y la anglicanización;
Jane Bull por su asesoría sobre manualidades;
y Elizabeth Dowsett por los textos.

La autora desea dar las gracias a: todos los editores y
diseñadores de DK, especialmente a Lisa Stock y Lynne
Moulding. Gracias a Emma Grange, Natalie Edwards y
los expertos que han dado vida a todas estas ideas de
forma brillante. Gracias también a Vivienne Pinnington
y Lisa Parkes por su inspiración sobre cómo recrear el
mundo Disney en casa. Finalmente, gracias a Emily
y Toby, dos grandes fans de Disney y prolíficos
creadores de manualidades.

El editor no se responsabiliza de los daños o
lesiones que puedan sufrir tanto los usuarios como
sus pertenencias al seguir las instrucciones
y sugerencias incluidas en esta obra.